SUPERVISÃO EM GESTALT-TERAPIA

Teoria e Prática

SUPERVISÃO EM GESTALT-TERAPIA

Teoria e Prática

Organizadores

Virginia Elizabeth Suassuna Martins Costa

Formada em Psicologia pela USP-Ribeirão Preto (SP).

Mestre em Educação pela Pontifícia Universidade Católica de Goiás (PUC-GO) e Doutora em Ciências da Saúde pela Universidade de Brasília (UnB).

Psicoterapeuta, Especialista em Psicologia Clínica e em Gestalt-terapia.

Cursos de formação em Gestalt-terapia no Brasil e no Exterior.

Professora do Departamento de Psicologia da Pontifícia Universidade Católica de Goiás (PUC-GO).

Membro Fundadora, Professora e Supervisora do Instituto de Treinamento e Pesquisa em Gestalt-terapia de Goiânia (ITGT-GO) e do Instituto Suassuna (IS-GO).

Membro do Conselho Consultivo da *Revista da Abordagem Gestáltica: Phenomenological Studies* (RAG).

Danilo Suassuna

Psicólogo pela Pontifícia Universidade Católica de Goiás (PUC-GO).

Especialista em Gestalt-terapia pelo Instituto de Treinamento e Pesquisa em Gestalt-terapia de Goiânia (ITGT-GO).

Mestre e Doutor em Psicologia pela Pontifícia Universidade Católica de Goiás (PUC-GO).

Pós-doutorando em Psicologia pela Universidade Salgado de Oliveira (Universo-RJ).

CEO e Fundador do Instituto Suassuna (IS-GO).

Membro do Conselho Consultivo da *Revista da Abordagem Gestáltica: Phenomenological Studies* (RAG).

Consultor *Ad-hoc* da *Revista Psicologia em Revista PUC-MG*.

Medbook

SUPERVISÃO EM GESTALT-TERAPIA: Teoria e Prática
Direitos exclusivos para a língua portuguesa

Nota da editora:
Apesar de terem envidado esforço máximo para localizar os detentores dos direitos autorais de qualquer material utilizado, os organizadores e a editora estão dispostos a acertos posteriores caso, inadvertidamente, a identificação de algum deles tenha sido omitida.

Projeto gráfico e diagramação: Andréa Alves
Capa: Ahaza ! Comunicação

CIP-BRASIL. CATALOGAÇÃO NA PUBLICAÇÃO
SINDICATO NACIONAL DOS EDITORES DE LIVROS, RJ

S956

Supervisão em gestalt-terapia : teoria e prática /
Virginia Elizabeth Suassuna Martins Costa; Danilo Suassuna [organizadores].
- 1. ed. - Rio de Janeiro : Medbook, 2022.
224 p.; 21 cm.

Inclui índice
ISBN 9788583690887

1. Psicoterapia. 2. Gestalt-terapia. I. Costa, Virginia Elizabeth Suassuna Martins.
II. Suassuna, Danilo.

21-74156 CDD: 616.89143
CDU: 615.851:159.9.019.2

Leandra Felix da Cruz Candido - Bibliotecária - CRB-7/6135
28/10/2021 01/11/2021

Medbook
Editora Científica Ltda.
Avenida Treze de Maio 41, sala 804 – CEP 20031-007 – Centro – Rio de Janeiro – RJ – Telefone: (21) 2502-4438
www.medbookeditora.com.br – instagram: @medbookoficial
contato@medbookeditora.com.br – vendasrj@medbookeditora.com.br

AGRADECIMENTOS

Depende de nós
Quem já foi ou ainda é criança
Que acredita ou tem esperança
Quem faz tudo pra um mundo melhor
Depende de nós
Que o circo esteja armado
Que o palhaço esteja engraçado
Que o riso esteja no ar
Sem que a gente precise sonhar
Que os ventos cantem nos galhos
Que as folhas bebam orvalhos
Que o sol descortine mais as manhãs
Depende de nós
Se este mundo ainda tem jeito
Apesar do que o homem tem feito
Se a vida sobreviverá
(Ivan Lins)

Sim! Depende de nós! Chegamos a mais um volume de nossa obra, construída por várias mãos: supervisores, supervisandos e clientes. Neste volume apresentamos a união de esforços não apenas por meio da escrita, mas das vidas inteiras de nossos autores dedicadas ao cuidado com o outro.

Registramos aqui, por meio de relatos, pesquisas e depoimentos, as vivências enquanto supervisores dessa tão nova abordagem. Esse esforço conjunto colabora veementemente para o enraizamento filosófico, teórico e prático dessa prática, a exemplo do que sempre foi feito tanto por Perls como por Laura.

A união desse tripé – filosofia, teoria e prática – contribui para uma melhor compreensão, em nossa abordagem, de como pode se dar o processo de supervisão. Sim, supervisão como algo construído e processual.

Esse foi o desejo que nos mobilizou a reunir profissionais tão competentes, cada um com suas particularidades, para compartilhar sua trajetória enquanto supervisores.

Ensinar é um exercício de imortalidade. De algum modo continuamos vivos nos olhares daqueles que aprenderam a ver o mundo a partir da magia de nossas palavras, como diz Rubem Alves.

Assim, este agradecimento aos autores/colaboradores nos remete a um poema:

Sou feita de retalhos.

Pedacinhos coloridos de cada vida que passa pela minha e que vou costurando na alma.

Nem sempre bonitos, nem sempre felizes, mas me acrescentam e me fazem ser quem eu sou.

Em cada encontro, em cada contato, vou ficando maior...

Em cada retalho, uma vida, uma lição, um carinho, uma saudade...

Que me tornam mais pessoa, mais humana, mais completa.

E penso que é assim mesmo que a vida se faz: de pedaços de outras

gentes que vão se tornando parte da gente também.

E a melhor parte é que nunca estaremos prontos, finalizados...

Haverá sempre um retalho novo para adicionar à alma.

Portanto, obrigada a cada um de vocês, que fazem parte da minha vida e que me permitem engrandecer minha história com os retalhos deixados em mim.

Que eu também possa deixar pedacinhos de mim pelos caminhos e que eles possam ser parte de suas histórias.

E que assim, de retalho em retalho, possamos nos tornar, um dia, um imenso bordado de "nós".

(Cora Coralina)

E que nesse bordado possamos todos encontrar uma parte de nós.

Virginia Costa e Danilo Suassuna

AUTORES

Arlene Leite Nunes

Psicóloga (ACE). Especialista em Gestalt-terapia (Instituto Gestalten). Mestre em Nutrição (UFSC). Pós-graduada em Comportamento Alimentar (IPGS). Professora da Universidade de Joinville (Univille) e em cursos de formação em Gestalt-terapia. Autora do livro *Transtornos alimentares na adolescência.*

Carlos Maurício Cordeiro Júnior

Psicólogo formado pelo Centro Universitário do Norte Paulista (UNORP) de São José do Rio Preto – SP. Psicólogo Clínico e Assistente Social.

Celana Cardoso Andrade

Psicóloga (UCG), Gestalt-terapeuta (ITGT). Mestre (UCG) em Psicologia Clínica e Doutora (UnB) em Psicologia Clínica e Cultura. Editora da *Revista da Abordagem Gestáltica: Phenomenological Studies.* Membro Fundadora da Associação Brasileira de Gestalt-terapia (ABG). Orientadora no Instituto de Treinamento e Pesquisa em Gestalt-terapia de Goiânia (ITGT). Professora da Universidade Federal de Goiás (UFG). Psicoterapeuta na Alter – Centro de Psicologia.

Helena Pinheiro Jucá-Vasconcelos

Gestalt-terapeuta. Mestre em Psicologia Clínica – Família e Casal (PUC-Rio). Diretora do SaberPSI. Docente e Supervisora Clínica da Universidade Santa Úrsula e Coordenadora da Pós-graduação em Psicologia Clínica com ênfase em Gestalt-terapia (Celso Lisboa). Especialista em Psicologia Clínico-institucional do Hospital Universitário Pedro Ernesto (UERJ).

Hugo Ramon Barbosa Oddone

Psicólogo pela Facultad de Filosofía y Ciencias Humanas de la Universidad Católica "Nuestra Señora de la Asunción" de Assunção – Paraguai. Diploma revalidado pelo Instituto de Psicologia da Universidade de São Paulo (USP). Especialista em Terapia de Grupos e Terapia de Casal e Família pelo Centro Gestáltico de Montevidéu e pelo Núcleo de Estudos "Laura Perls" em São Paulo. Mestre e Doutor em Ciências: Educação e Saúde na Infância e Adolescência pela Universidade Federal de São Paulo (Unifesp) – Campus Guarulhos.

Joanneliese de Lucas Freitas

Mestre em Psicologia do Desenvolvimento pela Universidade de Brasília. Doutora em Psicologia pela Universidade de Brasília e Professora Associada do Departamento de Psicologia e do Programa de Pós-graduação em Psicologia da Universidade Federal do Paraná.

Maria Alice Queiroz de Brito (Lika Queiroz)

Mestre em Psicologia Social (UFBA). Especialista em Psicologia Clínica (CFP). Professora e Supervisora do Instituto de Psicologia da UFBA. Fundadora e Diretora do Instituto de Gestalt-terapia da Bahia. Docente de Cursos de Pós-graduação *Lato Sensu* e Formações em Gestalt-terapia. Criadora da metodologia Reconfiguração do Campo Familiar: um enfoque gestáltico transgeracional. Membro Fundadora e Vice-presidente da primeira diretoria da Associação Brasileira de Gestalt-terapia. Membro do Colégio Internacional de Terapeutas.

Mauro Figueiroa

Psicólogo (Unesp). Gestalt-terapeuta. Professor e Supervisor no Instituto Gestalt de São Paulo.

Myrian Bove Fernandes

Psicóloga Clínica formada pela PUC/SP. Gestalt-terapeuta pelo Instituto Sedes Sapientiae. Fundadora, Coordenadora e Docente do Instituto Gestalt de São Paulo. Responsável pela *Revista Sampa Gt.*

Sandra Salomão Carvalho

Mestre em Psicologia Social pela Universidade Gama Filho – RJ. Coordenadora do Curso de Especialização em Gestalt-terapia (PUC-Rio). Supervisora Clínica reconhecida pelo Ministério da Educação da Itália.

PREFÁCIO

Neste segundo volume temos a oportunidade de deparar com a riqueza dos autores em suas experiências como supervisores, traduzidas gentilmente em cada frase desta obra. Os temas são abordados profundamente, convidando o leitor a vivenciar esse espaço no qual se sentirão provocados a refletir sobre a prática clínica da supervisão e sua conexão com os suportes filosóficos e teóricos da abordagem gestáltica.

No primeiro capítulo, sobre supervisão do atendimento clínico em Gestalt-terapia, Myrian Bove Fernandes inicia comparando a supervisão a um holograma que, na perspectiva da autora, representa um movimento constante de organização e reorganização de imagens, ora harmoniosas, ora discrepantes, mas sempre ricas e instigantes. Enfatiza como a intersecção de planos distintos – representados pelo cliente, terapeuta e supervisor – forma figuras e fundos que se alternam, favorecendo a ampliação de consciência e possibilidades.

A autora define a supervisão como forma de consultoria e/ou como ensino que integra prática e teoria no atendimento psicológico ao cliente. Salienta a postura necessária ao supervisor independentemente da modalidade da supervisão, seja individual, seja em grupo, seja em uma única sessão focal ou no acompanhamento processual por período mais longo. Ela resgata os princípios da Gestalt-terapia no processo da supervisão como o foco no aqui e agora da relação cliente-terapeuta; os princípios da relação dialógica vividos na relação entre supervisor e supervisando; o terapeuta como seu próprio instrumento de trabalho, vivenciando a ressonância do campo e permitindo deixar-se impactar, incluir-se e "empatizar" com seu cliente na busca da "boa forma".

Ela traz ainda o conceito de indiferença criativa de Friedlaender, salientando que este evita uma visão unilateral do supervisor, uma vez que eventos aparentemente opostos nada mais são do que múltiplas diferenciações que ocorrem a partir de uma mesma matriz de formação. Por fim, Myrian sintetiza algumas sugestões práticas para que o supervisor possa auxiliar o terapeuta em seu processo, enfatizando alguns questionamentos comuns, como: "Como você vê este cliente?"; "Como se sente em relação a ele nesta determinada situação?"; "Quais sentimentos ele desperta em você?". Sugere, também, o uso de recursos, como filmes, séries, livros, poesia e teatro, que podem colaborar para que o terapeuta amplie sua compreensão do que se passa com seu cliente e facilite um contato mais pleno com os elementos que compõem o holograma.

No Capítulo 2, Sandra Salomão Carvalho resgata um pouco de sua história como supervisora até o contexto em que a supervisão foi oficialmente instituída na psicanálise, em 1920. Enfatiza que, apesar da escassez da literatura sobre supervisão na perspectiva da Gestalt-terapia, a autora segue de perto os princípios da abordagem.

Sandra descreve os desafios vividos pelo supervisor e as diversas modalidades de supervisão, a saber: o modelo clínico, didático, o modelo misto e o modelo formativo, que buscam o aprimoramento do terapeuta em prol do cliente. Evidencia a diferença entre um supervisor didático e um supervisor clínico. Salienta que, em função de cada encontro de supervisão pressupor inúmeros atravessamentos, o supervisor transita desde as dimensões administrativas, quando em uma clínica institucionalizada, ou pedagógicas, em situações de estágio e formação, até as instâncias emocionais, na medida em que as projeções ou a história familiar dos clientes levam o psicoterapeuta a uma identificação paralisante.

A autora provoca o leitor a refletir sobre o que cabe em dada supervisão. Compartilhar experiências? Provocar o desenvolvimento das iniciativas e reflexões do terapeuta? Avaliar seu desenvolvimento?

O supervisor acaba por ocupar um pretenso lugar de validar as experiências dos envolvidos na supervisão ou é de fato necessário e legítimo haver o reconhecimento e a validação – por um igual – do manejo que o supervisionado realizou? Descreve como a tipologia da supervisão, ou sua ênfase clínica, didática ou formativa, solicita diversas posturas do supervisor. Finalmente, apresenta um instrumento de observação do sistema supervisor-supervisando.

No Capítulo 3, Hugo Ramon Barbosa Oddone e Carlos Maurício Cordeiro Júnior compartilham a experiência vivida por supervisor e supervisionado, desde a busca pelo processo até sua vivência a partir do referencial gestáltico, acompanhando o processo de emancipação, integração e empoderamento de uma cliente.

A partir de uma das unidades operativas propostas por Spangenberg (2007), os autores descrevem a experiência de supervisão com base em quatro aspectos: identificação do ser-no-mundo do paciente, como e para que se sustenta, transferência e contratransferência e, por último, estratégia. No primeiro, trabalham algumas figuras e constatam na fenomenologia corporal da cliente uma tendência ao fechamento quando questionada sobre suas formas de se expressar, evitando o contato com o terapeuta; no segundo, descrevem como e para que se sustenta o ser-no-mundo da cliente, onde foram descritos mecanismos utilizados para definir a organização e as interrupções no ciclo da energia da cliente; no terceiro, caracterizado pela ênfase na integração em detrimento da análise, os autores descrevem o processo do resgate da identidade alienada e apresentada como "sombra"; no terceiro – a transferência e a contratransferência – é descrito como a cliente repete a tendência de se orientar, selecionando os mesmos comportamentos vividos no passado em detrimento do presente; finalmente, é descrita a elaboração de estratégias a partir do diagnóstico processual para o desenvolvimento e a atualização de formas mais saudáveis de ser e estar no mundo.

Por fim, os autores enfatizam a importância de trabalhar a totalidade do ser-no-mundo a partir do referencial teórico e prático, sabendo que cada terapeuta e cada supervisor acabam por construir seus próprios mapas a partir das experiências pessoais e não de uma "visão super". Concluem parafraseando Cardella (2021, p. 26), ao afirmarem, de forma fantástica, que o início guarda a sabedoria do fim e a ignorância é lugar ético também do supervisor.

No quarto capítulo, Helena Pinheiro Jucá-Vasconcelos apresenta as características peculiares e únicas da supervisão gestáltica a partir de seus referenciais filosóficos, como a visão holística do ser humano, o existencialismo dialógico e a fenomenologia. Faz referência às exigências de qualificação ou horas de supervisão em outros países e questiona o critério brasileiro, que acaba por promover uma atuação profissional muitas vezes sem conhecimento teórico, prático e experiencial suficiente e permeada de introjetos de deverias incongruentes com o modo de atuar do Gestalt-terapeuta. Para além desses aspectos, a autora enfatiza que conhecimento objetivo também precisa estar alicerçado na experiência subjetiva do cliente e do terapeuta, que muitas vezes não apresenta maturidade para apreendê-la. A vivência da "presença-distanciada", por exemplo, é fundamental para o crescimento do supervisando.

Portanto, o resgate do compromisso ético de ficar no óbvio, sem interpretação, sem dedução e com um respeito genuíno à relação terapêutica, parece ser um exercício necessário que pode ser treinado nos atendimentos entre os colegas, sugere a autora, a qual salienta que na contramão dessas exigências encontram-se a necessidade do supervisando de querer "ajudar" o cliente como prova de sua eficiência e a falta de confiança em que o potencial de encontrar o caminho está no próprio cliente.

A autora afirma ainda que a falta de confiança do supervisionado aumenta seu desejo de controle. Nesse contexto, a supervisão cumpre seu papel ao ampliar a *awareness* do supervisor em sua relação com o cliente, aperfeiçoando-se a si mesmo como instrumento e deixando de lado regras, padrões morais e o uso artificial da racionalidade no relacionamento terapêutico. Os recursos para que esse objetivo seja alcançado são discutidos no decorrer do capítulo, a partir de uma prática colaborativa, horizontal e não hierárquica, entre supervisor e supervisionado(s), a partir da construção de uma abordagem dialógica em relação ao supervisionado, sempre enfatizando o processo criativo, experiencial e não interpretativo da supervisão. Os três componentes na supervisão – o administrativo, o educativo e o consultivo – são especificados. Finalmente, a autora salienta o complexo e desafiador trabalho do supervisor, afirmando ser este um misto de ensino, psicoterapia, suporte e arte, no qual o supervisor se alterna entre instruir, confirmar e orientar.

Inspirada nas primeiras vivências, relembradas com emoção, Arlene Leite Nunes descreve, no Capítulo 5, três modalidades de supervisão: com psicólogos formados ou recém-formados, com alunos de graduação e/ou de pós-graduação ou como suporte para a própria atuação clínica.

A autora enxerga a supervisão como um processo de ampliação de *awareness* (a percepção de como o terapeuta se interrompe; o que fala e como fala; quando não fala), de desenvolvimento de autossuporte, de contato com limites e possibilidades, entre outros aspectos que integram a relação do terapeuta com o cliente. Inspirada por Erthal, descreve quatro momentos que compõem o estágio de clínica: o grupo de estudo; o atendimento psicoterapêutico; a supervisão relatada, onde há conexão entre a prática (atendimento) e a teoria (grupo de estudos), e o treinamento.

Arlene enfatiza a importância do processo artesanal de lapidação que está sob a responsabilidade do supervisor ao respeitar o estilo individual de cada supervisionado, proporcionando-lhe um processo de desenvolvimento técnico e teórico de acordo com seu nível acadêmico. Para alcançá-lo, a autora nos oferece a forma por ela utilizada em uma sequência didática para cada etapa da supervisão, desde a graduação, enfatizando também o uso de simulação de atendimento, *roleplay* entre os alunos supervisionados, o que favorece o desenvolvimento do pensamento terapêutico no lugar da busca por receitas únicas ou prontas.

Finalmente, compartilha o processo de supervisão estabelecido com psicólogos formados, que se concretiza em duas frentes: a supervisão propriamente dita, trabalhando com o terapeuta; e o desenvolvimento dos supervisores terapeutas. Nesse processo, descrito detalhadamente, a autora salienta que não supervisiona o cliente, mas as próprias (im)possibilidades do terapeuta. Por isso fica atenta, entre outros detalhes, aos possíveis bloqueios de contato e ressonâncias vividas no contexto terapêutico. Poeticamente, enriquece seu capítulo ao finalizá-lo com a letra de uma música que parece ter sido composta para descrever a relação terapeuta-supervisor.

No Capítulo 6, o psicólogo Mauro Figueiroa nos brinda com sua experiência profissional desvelada em sua maior inteireza. Aliás, é a experiência profissional que faz do terapeuta e do supervisor seu maior instrumento, enfatiza o autor. Como um ritual de confirmação, a supervisão é um caminho que se faz ao caminhar, no qual são compartilhados diversos sentimentos e que exige cuidado, ritmo e paciência, humildade e ousadia, sorte e muita fé. O autor utiliza metaforicamente a bússola para simbolizar intuição, o mapa para a sensibilidade e o método para a atenção. Citando alguns autores, ele enfatiza a necessidade de respeitar as diferenças do supervisor e do supervisionado, uma vez que elas constituem o insumo principal do processo, já que a experiência vivida com o cliente é singular e intransferível.

Nessa dimensão, o autor afirma preferir os termos multivisão, entrevisão ou intervisão, uma vez que todo olhar tem seu valor. O autor nos brinda com exemplos vividos em seu percurso profissional de rara beleza e cita um conto, "A roupa nova do rei", que destaca a importância do olhar ingênuo, necessário para o psicólogo que está acostumado a ver de acordo com o que se convencionou "como deve ser", uma previsão, "pré-visão". Finalmente, enfatiza o desafio do supervisor e do supervisando: tornar-se si mesmo e ser seu melhor instrumento de trabalho enquanto estrangeiros que se encontram no processo de supervisão – um continente que acolhe e socorre.

No Capítulo 7, Joanneliese de Lucas Freitas aborda a supervisão como um dos "pés" do tripé que sustenta o trabalho do psicólogo, especialmente o do psicólogo clínico, e que é necessário para sua atuação ética. Uma ética, enfatiza a autora, que permite ao outro assumir as alteridades.

Para tanto, a autora salienta que compreender o mundo do cliente é ir além da racionalidade. É também assumir a (im)possibilidade de alcançar a percepção do outro a partir da experiência vivida. Para além, portanto, de ser um espaço para dúvidas teóricas e técnicas, a supervisão é um lugar de autoconhecimento do supervisionado que transcende o ensino-aprendizagem tradicional. Especificamente, a autora destaca aspectos que merecem a atenção do supervisor e que podem influenciar o acolhimento no luto e os processos psicoterapêuticos de pessoas enlutadas. Dentre eles ressalta o contexto pandêmico, o luto como uma experiência humana comum a todos, a fadiga por compaixão e o conhecimento teórico sobre o luto.

No contexto pandêmico atual, ela alerta que o supervisor precisa ter uma escuta privilegiada e o conhecimento prévio e atualizado sobre os processos de luto e seu contexto imediato. Como o processo de luto é uma experiência comum, o psicólogo precisa atentar para as concepções sobre morte e luto que atravessam seu modo de enlutar-se e sua escuta, enfatiza a autora. Escuta que pode causar fadiga por compaixão, pois, ao assumi-la, o profissional também sofre e pode vir a desenvolver um tipo específico de *burnout*, adverte. Nesse sentido, a reavaliação da disponibilidade do psicólogo se faz necessária. É preciso saber como, quando e para quem se está disponível. Por último, a autora elenca outro problema vivido por profissionais que lidam com o luto, que é a falta de conhecimento sobre os processos de luto, o que pode favorecer leituras equivocadas e patologizantes de processos normais e esperados.

Finalmente, ela nos convoca para a missão de que testemunhar a dor do outro é se comprometer eticamente com ele não apenas diante do que sabemos, mas também do que não sabemos sobre ele e sobre nós mesmos, o que, segundo sua perspectiva, é a tarefa da supervisão.

O oitavo capítulo conta com a poesia e o delicioso sotaque de nossa querida "Lika". Ler esse capítulo é como ouvir um gostoso bate-papo, profundo, sobre como estar, pessoal e tecnicamente, a serviço de nosso cliente. Com foco nas intervenções de curta duração, sob a ótica de H. Garner, ela propõe um acolhimento da situação emergencial trazida pelo cliente, paciente ou usuário do serviço. A autora, amiga, aponta a importância de criar um espaço seguro tanto para o aprendiz como para o cliente, em uma espiral de aprendizagem também vivenciada pelo supervisor, e termina seu capítulo com um legítimo agradecimento aos supervisandos e supervisandas que promoveram esse crescimento conjunto.

No Capítulo 9, escrito por Celana Cardoso Andrade, o leitor tem acesso não apenas a um capítulo teórico. A partir da experiência com diferentes grupos de supervisão ao longo dos anos dedicados a essa prática, a autora nos traz também uma compreensão de como a supervisão chega ao supervisando, ao incluir alguns relatos de ex-supervisionados. Esses relatos acabam por ilustrar o percurso a partir dos olhos de quem esteve ou ainda está nessa caminhada conjunta supervisor-supervisando.

O caminho escolhido pela autora remonta a uma compreensão descritiva de sua definição sobre a prática, seja com estagiários, terapeutas iniciantes ou de "longa data", como ela própria destaca. Aponta ainda alguma possibilidade de caminho conjunto com o intento de auxiliar a alcançar os objetivos da terapia e conclui com um arremate importante sobre os objetivos da supervisão, clareando essa caminhada. Por fim, mostra os efeitos da supervisão e as características fundamentais de um supervisor, sempre auxiliada pela ótica dos sujeitos de sua pesquisa. Um capítulo que, em si, é uma supervisão para todos nós.

Seja bem-vindo a esse espaço teórico e prático da supervisão.

Boas reflexões!

Virginia Costa e Danilo Suassuna

SUMÁRIO

1

SUPERVISÃO:
Diferentes Facetas em Várias Nuances

Myrian Bove Fernandes

Para desenvolver o tema, convido o leitor a imaginar um holograma em constante movimento, composto por múltiplos traços coloridos que se entrelaçam e interconectam, organizando-se em um todo dinâmico que forma inúmeras imagens, ora harmoniosas, ora discrepantes, porém muito ricas e instigantes. Escolho essa metáfora para ilustrar minha compreensão sobre a supervisão do trabalho clínico em Gestalt-terapia.

A supervisão compreende a intersecção de, no mínimo, três planos distintos (representados pelo cliente, terapeuta e supervisor) que se interconectam e formam um campo complexo no qual figura e fundo se alternam constantemente em um processo de ampliação de consciência e possibilidades. É uma forma de consultoria e/ou ensino que integra prática e teoria no atendimento psicológico ao cliente. O foco recai sobre as relações, seja entre cliente e terapeuta, seja entre terapeuta e supervisor. Na forma de consultoria, o supervisionando procura outro profissional que, por estar mais afastado do processo que ocorre entre o terapeuta e seu cliente, oferece outro olhar que venha a enriquecer o atendimento terapêutico em questão. Na forma de ensino, orienta a prática profissional do aprendiz, acompanhando-o no desenvolvimento de conhecimentos, habilidades e busca de um estilo pessoal no atendimento clínico.

Como vemos, são muitos os propósitos da supervisão. Enfatizo a fala de Ciornai (2004, p. 242), quando afirma que:

> [...] a supervisão promove o aprendizado do aluno para que ele alcance um nível de compreensão mais profundo das dinâmicas internas e inter-relacionais dos clientes por meio do que vai ocorrendo e do que eles vão nos contando.

Assim, através de uma troca de olhares, há uma ampliação da compreensão clínica, um enriquecimento teórico, e podem emergir novas possibilidades de intervenção no decorrer do processo psicoterapêutico. Visa também a uma interferência no campo.

O pensamento sistêmico afirma que qualquer intervenção no campo provoca nova reorganização desse campo, e este sai em busca de nova autorregulação. Assim, a interferência do supervisor não visa moldar o comportamento do supervisionando e consequentemente do cliente, mas atua como mais um elemento de provocação para que este se reconfigure e se transforme.

A supervisão pode ocorrer em várias modalidades, seja individual, seja em grupo. Pode também ser focal, como em uma única sessão, e/ou processual.

O olhar do supervisor pode abranger o desenvolvimento do supervisionando, a relação que o supervisionando estabelece como terapeuta com seu cliente e como ela pode beneficiar a ambos e a relação que se estabelece entre o supervisionando e seu supervisor ou, no caso da supervisão grupal, a relação entre os vários membros do grupo de supervisão. A supervisão em grupo aproxima-se do que consideramos uma intervisão, pois existe uma rica troca de olhares entre os participantes do grupo que favorece a aprendizagem e a compreensão clínica de todos os seus integrantes. A complexidade aumenta quando se trata de supervisionar o atendimento a casais, famílias ou grupos específicos.

Importante salientar que, qualquer que seja a modalidade da supervisão, a postura do supervisor exige cuidado, respeito, firmeza, delicadeza, conhecimento, curiosidade, criatividade, e assim por diante. O trabalho leva a uma ampliação de perspectivas e ao desenvolvimento de recursos, ferramentas e possibilidades.

Em geral, o supervisor não foca no aqui e agora da relação cliente-terapeuta. Ele entra em contato com o *relato* desse evento através dos olhos do supervisionando e, a partir desse olhar, vai ampliando sua perspectiva e desenvolvendo posição mais reflexiva, ao passo que o terapeuta, por estar mais envolvido com o cliente, foca nessa relação direta com o cliente e na emoção que aflora dessa relação.

Durante a supervisão, no entanto, o foco recai na relação entre supervisor e supervisionando. Esse é o momento presente, matéria-prima para o trabalho que se desenvolve. Essa é uma relação especial, matriz que fertiliza o campo para que bons atendimentos possam ocorrer. Nosso embasamento na *relação dialógica* valoriza a qualidade da presença como fator fundamental. Também aqui alternamos entre momentos de encontro Eu-Tu e momentos de reflexão Eu-Isso, na definição de Jacobs (1997). Gosto da descrição de Cardella (2017), quando fala sobre a qualidade da presença do psicoterapeuta durante as sessões, referindo-se ao que denomina *presença implicada* e *presença reservada*. Creio que também se aplica às sessões de supervisão.

Trago a síntese que faz Daniela Pupo Bianchi sobre esses conceitos, quando afirma que a presença implicada é comprometida e atuante e tem a função de acolher, hospedar, agasalhar, sustentar e conter. Traz em si o reconhecimento que implica testemunhar, espelhar a singularidade do supervisionando, confirmar sua identidade, desenvolvimento e autoestima pessoal e profissional. Nesse contato com o supervisionando, que embora parceiro é tão diferente do supervisor, cria-se um diálogo que ora surpreende, ora contesta, desaloja, intima e instiga. Nesse sentido, tanto terapeuta como supervisor podem ser agentes do confronto e do limite.

Por outro lado, a presença reservada tem a função de libertar e zelar. Com ela o supervisor pode recolher-se, retrair-se, silenciar, pois no silêncio o inédito pode acontecer. É favorecer um momento de apreciação que permite ao outro apreciar, reformular, respaldado pela confiança mútua, chegar a um *insight*, uma compreensão e uma possibilidade de ação.

Embora psicoterapeuta e supervisor possam referir-se a um relato de um evento ocorrido em algum outro momento passado, é o aqui e agora da sessão de supervisão que está em jogo e é o foco. Assim, ocorre um processo fenomenológico que compreende um desfilar de figuras que se evidenciam a partir dessa intersubjetividade. Importa o que é vivido na experiência imediata daquela sessão de supervisão. A consciência e a apropriação desse vivido podem ser a chave para a compreensão de algo mais amplo que se passa no campo e pode ter relação com as temáticas trazidas pelo paciente que está sendo estudado naquele momento.

Desse modo, também é possível para o supervisor trabalhar com a ressonância, isto é, utilizar a si próprio como instrumento de trabalho, da mesma maneira que faz o terapeuta durante a sessão. Nesse caso, o supervisor coloca-se em contato com sua experiência pessoal, seu campo sensível, ou seja, seus sentimentos que afloram na situação da supervisão para trazê-los a serviço do supervisionando e do processo terapêutico em questão.

Meu primeiro contato com o conceito de ressonância ocorreu por ocasião de minha formação em Terapia Familiar na abordagem sistêmica. Lá conheci os escritos de Mony Elkaim, que denominou ressonâncias

> essas reuniões particulares (advindas de pareamentos) constituídas pela intersecção de diferentes sistemas que acolhem um mesmo elemento. Elas nascem da construção mútua do real que se opera entre aquele que a nomeia e o contexto no qual ele se descobre nomeando-a (Elkaim, 1990, pp. 170-1).

Esse conceito fez muito sentido para mim, pois de alguma maneira eu já o conhecia na prática clínica, embora não o nomeasse dessa forma. Baseava-se na descrição de Frazão (1991) sobre o "Diagnóstico Processual", quando a autora afirma que presta muita atenção, durante o atendimento, ao "que me impacta" e "como me impacta". Sim, essa afirmação certamente leva em conta a inclusão e validação da subjetividade do observador que se coloca como instrumento a serviço do cliente durante a sessão de terapia. Ao me deixar impactar, vem à minha memória toda a bagagem de experiências, conhecimentos e reflexões que constituem meu ser e que podem estar pareados com a figura em questão. Procuro elaborar todos esses dados e fazer uma intervenção que seja pertinente àquela determinada situação.

Esse mesmo processo cabe tanto para o atendimento psicoterapêutico como para a supervisão. Quero ressaltar a fala de Ramon Consenza (2020) que traz as bases neurofisiológicas que podem descrever esse processo. Ele afirma que é no córtex pré-frontal que os estímulos ativam circuitos neuronais que solicitam à rede neuronal estímulos semelhantes que se interconectam.

No entanto, o conceito de ressonância é mais abrangente, a meu ver, pois abarca um campo que se amplia e é dinâmico e complexo, e que inclui as subjetividades das pessoas envolvidas não só nas terapias individuais, mas nas de casal, família e grupos diversos.

Mais tarde, Ciornai (2009, pp. 158-9) salienta que a *teoria da complexidade* de Edgar Morin e a *teoria dos campos morfogenéticos* de Sheldrake parecem ter sua origem na *psicologia da Gestalt*, na *teoria de campo* de Kurt Lewin, no *holismo* de Smuts e na *teoria organísmica* de Goldstein, além da *teoria dos sistemas humanos* de Berttalanffy. Mais à frente, afirma que "Morin, descrevendo a complexidade como aquilo que se tece junto," aponta, citando Petrália (2001), que

> o pensamento complexo é aquele que leva em conta a complexidade das situações, e condições, aquele em que coexistem relações de antagonismo e solidariedade,

> de complementaridade e concorrência, de incerteza e indeterminação, com o qual temos que considerar o uno e o múltiplo sem desconsiderar nenhum (idem ibidem, p. 159).

Concordo com Colombo (2011, p. 107) quando afirma que

> [...] concebemos o terapeuta incluído neste sistema de relações e coautor deste processo, e enfatizamos, ainda, a complexidade deste trabalho ao integrarmos a noção de que, naquele campo de energias relacionais e narrativas, existe um elemento extremamente valioso... a ressonância: o encontro das vibrações entre os vários seres que estão em interação.

A autora confirma minha convicção de que essas trocas que vêm carregadas de emoções e sentimentos que vibram em conjunto são excelentes recursos tanto para a prática da psicoterapia como para sua supervisão.

Já é conhecida a postura do terapeuta na abordagem gestáltica que, ao valorizar a qualidade do contato, salienta que sua interação no campo pode ser relegada à condição de deixar-se tocar pelo outro, seja a natureza, o animal ou a pessoa, e responder ao outro procurando a "boa forma". Assim, o supervisor que tem sua orientação na abordagem gestáltica exerce sua função com a autoridade de quem desenvolve o conhecimento, zela pelo comportamento ético e transforma a experiência em sabedoria. Essa é nossa missão!

Há que distinguir, no entanto, a ressonância que emerge no campo interacional e é útil – tanto para o terapeuta como para o supervisor – como um indicador do caminho a seguir, de uma disfunção de contato, seja do terapeuta, seja do supervisor. Essa tanto pode ser uma projeção ou mesmo uma figura que emerge advinda de uma questão particular – tanto do terapeuta como do supervisor – que pode não estar em sintonia com o campo relacional. Por esse motivo, supervisor e terapeuta devem confirmar constantemente os dados com seus interlocutores. É necessário que tenham a humildade de abandonar o caminho que se colocou a partir dessa inspiração, caso não tenha o respaldo da confirmação do cliente ou do colega. Nessa relação baseada no diálogo e em uma comunicação primorosa, dá-se a coconstrução que permeia o processo terapêutico e evolui na tessitura das sessões de terapia e de supervisão.

Francesetti (2020) traz a compreensão da psicopatologia na perspectiva do campo e refere-se a três paradigmas diferentes sobre a compreensão diagnóstica, dependendo do foco do terapeuta. São três maneiras que orientam seu pensamento quando está com o cliente. A primeira trata de uma modalidade semiótica, que chega a uma compreensão através da relação que se estabelece entre os vários sinais que podem ser identificados nos quadros clínicos já estudados e catalogados de acordo com um código partilhado por determinada comunidade que o conhece (DSM etc.). A segunda modalidade é hermenêutica, portanto fenomenológica, e trata da descrição minuciosa do fenômeno observado. A terceira modalidade é a que ele denomina estética. Sua descrição dessa modalidade assemelha-se muito ao que descrevi acima e tenho chamado de ressonância, pois é basicamente sustentada pela sensibilidade.

Assim, em um processo circular, quando supervisiono um trabalho, meu pensamento consulta meus sentimentos e meus sentimentos me auxiliam na construção de meus pensamentos compreensivos. Esse movimento favorece a inclusão e a empatia que marcam a qualidade da presença na relação entre supervisor e supervisionando, as mesmas características da relação dialógica que é tão cara para a abordagem gestáltica.

Creio que essa atitude oferece suporte para que a supervisão possa cumprir com seu objetivo de facilitar o crescimento do supervisionando, assim como também acontece na psicoterapia, que necessita um ambiente respeitoso que resvala entre o suporte e o desafio para que o cliente possa crescer.

Como o olhar do supervisor é mais abrangente, assemelha-se à metáfora utilizada por Perls quando descreve o pensamento diferencial em seu livro *Ego, fome e agressão*. É como se estivéssemos observando um fenômeno de dentro de um avião sobrevoando um campo e de onde pudéssemos ter uma visão ampla que abarcasse as polaridades e do qual fosse mais fácil identificar o ponto zero. Trata-se de um ponto central indiferenciado a partir do qual se processa a diferenciação em opostos. Perls entende que, dentro de seu contexto, esses opostos são dimensões de um mesmo fenômeno. Reporta que, ao permanecer no centro, o observador pode desenvolver a capacidade de evitar unilateralidades e sempre ficar alerta para os dois lados em questão.

D'Acri e Lima (2007, p. 141) trazem o conceito de *indiferença criativa* de Friedlaender, salientando que "evitando uma visão unilateral, conseguimos uma compreensão muito mais profunda da estrutura e função do organismo". Penso que esse conceito é extremamente importante para definir o lugar de observação do supervisor. As autoras afirmam que "Perls argumentava que, pela adoção do pensamento de Friedlaender, características ou eventos que julgamos opostos nada mais são do que múltiplas diferenciações que ocorrem a partir de uma mesma matriz de formação" (idem, p. 141). Portanto, é possível compreender um fenômeno observando-o do ponto zero, a partir do qual há uma diferenciação em opostos. Segundo as autoras, o ponto zero tem o duplo sentido: o de um início e de um centro, e o conceito da indiferença criativa, embora não seja idêntico ao ponto zero absoluto, tem sempre um aspecto de equilíbrio.

Creio que essa descrição por si só traz à tona a importância dessa orientação para o pensamento do supervisor, uma vez que cabe a ele aportar várias perspectivas em diferentes matizes que possam enriquecer a percepção de um evento e, também, buscar um ponto de equilíbrio para que o terapeuta possa avaliar como e quando existe uma oportunidade para fazer uma intervenção que seja ora acolhedora, ora compreensiva, ora comparativa, ora desafiadora. Enfim, todas essas alternâncias no olhar capacitam o terapeuta a tocar naquele ponto sensível e muitas vezes o ponto mais sintonizado com o tema em questão, de forma delicada e mobilizadora.

Como o supervisor pode auxiliar o terapeuta

O supervisor pode auxiliar o terapeuta a aprimorar sua atuação profissional, e aqui vai uma síntese de algumas sugestões práticas para atingir esse objetivo:

1. Fomentar um processo de ampliação de *awareness*.
2. Aguçar as funções de contato e promover o talhamento do olhar fenomenológico.
3. Exercitar o bom manejo das fronteiras de contato.
4. Praticar o diálogo através da presença, empatia, inclusão e confirmação.
5. Utilizar recursos como experimentos, *role playing* e outros, para identificar bons caminhos a serem trilhados no processo terapêutico.
6. Focar o manejo em situações difíceis.
7. Incentivar a prática de fazer relatórios das sessões, pois esse momento reflexivo e pessoal do terapeuta que antecede a supervisão já traz em si inúmeros *insights* que enriquecem sua percepção.
8. Promover uma leitura compreensiva dos relatos e relatórios das sessões.
9. Aprofundar a compreensão diagnóstica, promovendo o estudo dos dinamismos psicológicos dos quadros clínicos dos clientes em atendimento sugeridos pelas temáticas que emergem durante o processo.

Todas essas atividades podem ser entremeadas por perguntas, como:

- ➡ Como você vê esse cliente?

- Como se sente em relação a ele nessa determinada situação?
- Quais sentimentos ele desperta em você?
- Como você recebe o olhar, o tom de voz e a fala de seu cliente?
- Que impressão lhe causa sua postura?
- O que causa em você o modo de seu cliente se apresentar, se vestir... e assim por diante?

Existe uma enorme gama de recursos, como filmes, séries, livros, poesia e teatro, enfim, elementos de nossa cultura que ajudam o terapeuta a ampliar a compreensão do que se passa com o cliente. Boa parte do sofrimento que nossos clientes trazem refere-se às dissonâncias entre seus desejos e necessidades e as demandas sociais. Muitos desses sofrimentos são retratados pela arte, pela literatura e por eventos culturais. O supervisor enriquece sua prática ao trazer para a supervisão alguns desses elementos, uma vez que eles favorecem uma linguagem comum com a qual se pode tratar do humano, chegando cada vez mais perto do âmago de sua questão. O uso de metáforas e caricaturas e os experimentos também são recursos que auxiliam a ampliação da *awareness* do que se passa na relação terapeuta-cliente.

Ferretti (2004) traz uma importante contribuição ao pedir ao supervisionando que

> [...] procure entrar dentro de si e rever cenas que lhe auxiliem a nomear com mais clareza o que está acontecendo. Ao lembrar de uma cena, a pessoa pode resgatar uma série de detalhes, como a atmosfera da cena, o que ocorria, o que a impactou, qual foi a decorrência da cena, enfim, todos são dados que podem auxiliar a fazer associações com a história pessoal do cliente.

Assim, ao utilizar esses e outros recursos que auxiliam a ampliação da *awareness* do supervisionando, ele estará mais equipado para captar os sentimentos e sintonizar-se com o que se passa com seu cliente.

Aguçar as funções de contato e promover o talhamento do olhar fenomenológico exigem treinamento específico e compõem o treinamento do estudante nos cursos de formação nessa abordagem. No entanto, cabe ao supervisor pedir uma descrição detalhada do que se passa na sessão. Esse relato ora pode focar em uma descrição acurada, ora nos principais sentimentos que emergem durante o atendimento, ora naquilo que é denominado *versões de sentido*, expressão desenvolvida por Mauro Martins Amatuzzi e trazida a meu conhecimento pelo colega e amigo Ênio Brito Pinto. Trata-se de um relato livre e espontâneo sobre a reação viva e imediata ao ocorrido durante a sessão. Amatuzzi afirma que:

> [...] é a fala expressiva da experiência imediata de seu autor em face de um encontro recém-terminado. Pode ser expressão daquilo que faz sentido e tem significado para o autor naquele encontro (s/d, p. 5).

Outras atividades, como *role playing*, podem trazer elementos importantes contidos na relação terapeuta-cliente que podem não ter sido notados pela percepção consciente do terapeuta e se tornam mais evidentes durante a dramatização.

Cabe aqui ressaltar a importância de cuidar do terapeuta como uma das atribuições do supervisor. Penso que é valioso o terapeuta dar-se o direito de estar atento ao próprio processo de autorregulação saudável enquanto no exercício de seu ofício. Para tal, solicita o suporte do supervisor. Quanto mais se apropriar de seu suporte, mais o terapeuta se sentirá capacitado para correr riscos. Percorrer o processo psicoterapêutico é entrar em uma aventura que exige coragem tanto do cliente como do terapeuta para se embrenhar nos meandros das incertezas, do conhecido que fere e machuca e do desconhecido.

O supervisor exerce a importante função de validar o processo de autorregulação do supervisionando e para tal é preciso que esteja atento a esse seu processo. É importante acolher sentimentos e angústias geradas durante algum atendimento, chamar a atenção para cuidados pessoais, como sono e alimentação, que possam facilitar a qualidade da presença do terapeuta no momento da sessão, e assim vai...

Para ilustrar, trago um pequeno e precioso escrito de Paulo Barros, que descreve a atitude do terapeuta em seu artigo "Duas páginas: visões da Gestalt-terapia" e afirma:

> O terapeuta pode propor que o cliente experimente se entregar mais ao que está sentindo, vivendo, acontecendo nesse momento. Ou, ao contrário, que cuide um pouco de si, que respire, que se afaste e alivie um pouco o que está vivendo. Se estiver perdido dentro de si, que olhe para o terapeuta e esteja mais em contato com o estar junto. Se estiver perdido no contato, que se recolha um pouco e se dê conta do que está acontecendo dentro de si (2004, p. 78).

Não é estranho poder aplicar ao cliente, ao terapeuta e ao supervisor o mesmo procedimento?

Enfim, são várias as possibilidades de acesso ao contato mais pleno e intensificado com todos esses elementos que compõem nosso holograma. Espero ter contribuído aqui, colocando uma lente sobre algumas das formas e matizes que integram os diferentes entrelaçamentos das relações entre pacientes, psicoterapeutas e supervisores!

Referências

AMATUZZI, M.M. Versões de sentido. Mimeo, s.d.

BARROS, P. Duas páginas: visões da Gestalt-terapia. In: Revista Sampa GT n.1, São Paulo, Publicação do Instituto Gestalt de São Paulo, 2004.

CARDELLA, B.P. De volta para casa. São Paulo: Gráfica Foca, 2017.

CIORNAI, S.; FERRETTI, V.; FERNANDES, M.B. Supervisão em arte terapia: um diálogo entre Myrian Bove Fernandes, Selma Ciornai e Vera Maria Rossetti Ferretti. In: CIORNAI, S. (org.) Percursos em arte terapia. São Paulo: Summus, 2004.

COLOMBO, S.F. O pulo do gato – identificação das ressonâncias para fazer a diferença. In: OSÓRIO, L.C. (org.) Terapia familiar. vol. 2. Porto Alegre: Artmed, 2011.

CONSENZA, R. Live: Neurociência e educação. You Tube. Disponível em: https://youtu.be/jetBAJdYe8l. Acesso em: 25/02/2021.

D'ACRI, G.; LIMA, P. Verbete – A indiferença criativa. In: D'ACRI, G.; LIMA, P.; ORGLER, S. Dicionário de Gestalt-terapia "Gestaltês". São Paulo: Summus, 2007.

ELKAIM, M. Se me amas, não me ames. Campinas: Papyrus, 2000.

FRANCESETTI, G. Psicopatologia na Gestalt-terapia. Live: Expandindo fronteiras do Departamento de Gestalt-terapia do Instituto Sedes Sapientiae. You Tube, 2020.

JACOBS, L.; HYCNER, R. Relação e cura em Gestalt-terapia. São Paulo: Summus, 1997.

PERLS, F.S. Ego, fome e agressão: uma revisão da teoria e do método de Freud. São Paulo: Summus, 2002.

ZINKER, J. Em busca da elegância em Gestalt-terapia. São Paulo: Summus, 2001.

2

SOBRE A SUPERVISÃO NA CLÍNICA PSICOLÓGICA DA GESTALT-TERAPIA:

As Múltiplas Dimensões, Papéis e Focos da Supervisão

Sandra Salomão Carvalho

A gente vive, eu acho, é mesmo para se... desmisturar.

(Riobaldo Tartana, personagem de Guimarães Rosa)

SOBRE A SUPERVISÃO – PERCURSOS ... TANTOS RECANTOS, QUE RECANTO O CANTO, DE TANTOS CANTOS

Realizar este capítulo surge no momento em que a autora completa 40 anos de prática profissional. Essa história foi construída com muitas aprendizagens, porque é isso que o tempo permite: perceber os erros e fazer mudanças. É dessa trajetória de experiências clínicas e de muitas inquietações, impasses, reflexões e conclusoes que surge este registro, por escrito, de uma experiência longeva da supervisão, essa parceira de profissão.

A primeira experiência com supervisão da autora foi ainda como estagiária clínica. Sem um processo terapêutico pessoal e antes de aprender e discutir o manejo da relação terapêutica, a supervisão ocupava um papel pedagógico e instrumental diretivo, um guia do que fazer e do que não fazer. Mais tarde, após alguns anos de processo terapêutico pessoal e de uma formação clínica completa em Gestalt-terapia, a supervisão foi inicialmente uma ajuda para enxergar e a manejar melhor as intervenções terapêuticas, compreender-se como Gestalt-terapeuta e, mais tarde, desenvolver outro olhar sobre o principal instrumento de trabalho – o próprio psicoterapeuta e seus pontos cegos ou mudos. As experiências com supervisão ao longo do tempo mostraram para a autora, em sua complexidade, suas pedras de toque: o que é o enquadre da supervisão, suas dimensões, e que mesmo, ou talvez, principalmente em uma abordagem fenomenológica, é imprescindível uma metodologia que contemple a imprevisibilidade e os desafios do *vivido* tempo/espaço.

A experiência profissional multifacetada da autora inclui ser Gestalt-terapeuta, professora na graduação e especialização universitária, supervisora em diferentes situações e demandas e a participação em programas de formação clínica de psicoterapeutas no Brasil e no exterior, praticada em cursos de formação. Ser supervisora de terapeutas iniciantes e experientes, em virtude dessa multiplicidade de universos clínicos e institucionais, proporcionou à autora uma perspectiva ampla sobre a interdependência das dimensões que configuram a formação profissional de um psicoterapeuta, desde quando ele inicia esse percurso nos bancos universitários, ao atuar nos estágios curriculares, até o exercício de uma clínica privada ou institucional, após frequentar um programa de formação ou especialização clínica. Nesse processo, mostrou-se evidente a posição essencial que a supervisão exerce como uma função formativa, que envolve a transmissão de uma teoria e de uma metodologia, que faz sua passagem dos livros à práxis e exerce uma função de proteção e cuidado tanto aos clientes como aos psicoterapeutas, desde seu início.

Horas e anos de experiência ensinam. Cada situação de supervisão porta uma peculiaridade e exige uma diferente competência para lidar com suas múltiplas dimensões. Essa experiência conduziu a autora a uma busca de organização da informação extraída da prática e à sistematização do conhecimento, emergindo o interesse em evidenciar de forma teórica e metodológica as especificidades da supervisão e formatar um curso de formação para supervisores. A autora empreendeu uma busca por literatura sobre supervisão e descobriu como era escassa essa produção em Gestalt-terapia. Com o advento da internet, a obtenção de informação tornou-se mais facilitada, porém o texto deste capítulo está mais referendado pela trajetória pessoal da autora em seu trabalho clínico, como formadora de Gestalt-terapeutas e terapeutas de família. As referências bibliográficas apresentadas no texto serviram como uma confirmação desse aprendizado experiencial, compartilhado com abordagens irmãs, ou seja, cumpriram o papel de confirmação.

A supervisão – como definir este ofício? Um pouco de história

A supervisão é uma área de atuação profissional do psicólogo de discussão relevante e com muitos desafios. Trata-se de uma prática clínica que tem um caráter pedagógico formativo, que deve escapar do risco de ser um aprendizado por repetição, embora a modelagem,ou seja, repetir o que aprendeu com o próprio terapeuta ou supervisor, seja parte do processo de aprender a ser Gestalt-terapeuta e é legítima arte artesanal. No entanto, essa é apenas uma parte da totalidade. Um de seus desafios é determinar o limite de sua atuação como facilitação emocional para que não ultrapasse as fronteiras do que deverá ser trabalhado pelo supervisando em sua própria psicoterapia pessoal, pelo tempo de aprofundamento necessário para desatar determinados conflitos, traumas ou padrões relacionais.

Como parte do processo de evolução do psicoterapeuta em supervisão, daqui por diante designado como supervisando ou supervisionado, em muitas circunstâncias o cerne da supervisão é a dimensão de consultante emocional. Outro aspecto da identidade do supervisor é sua evolução segundo uma prática fenomenológica. É possível afirmar que tanto ou mais do que o trabalho como Gestalt-terapeuta, o supervisor precisa apoiar-se em sua experiência aqui e agora, mesmo e principalmente quando na relação com o supervisando são evocadas vivências semelhantes com outros supervisandos ou em sua própria prática clínica. A supervisão é tão importante que há países em que é exigida comprovação de participação permanente em supervisão para ser aceito em instituições de Gestalt-terapia ou postos de coordenação.

Nos últimos 10 anos, a produção escrita sobre supervisão ganhou um incremento na área das psicoterapias fenomenológico-existenciais, na qual a Gestalt-terapia se inclui. Ainda que a literatura não seja muito extensa, ela é muito valorizada, como afirma Yontef:

> Embora a literatura sobre supervisão na perspectiva da terapia Gestalt seja bastante esparsa, há uma tradição oral em que a supervisão segue de perto os princípios da terapia da Gestalt-terapia. Isto é verdade para a supervisão da terapia com Gestalt-terapia e também a supervisão da psicoterapia por outros psicoterapeutas não Gestalt-terapeutas (1996 [tradução da autora]).

Do ponto de vista histórico, a supervisão é uma atividade que surge com a psicanálise em 1920, quando é oficialmente instituída: "[...] o nascimento formal da Supervisão aconteceu no primeiro instituto de formação de analistas, fundado por Karl Abraham e Max Eitington em 1920, em Berlim" (Mendes, 2012). Ela emerge, ao que parece, para dar conta da continuidade da evolução do analista:

> Segundo Eitington, citado por Catherine Millot (2006), tivemos a oportunidade de constatar a que ponto o analista que sai de sua análise supostamente terminada acha-se desamparado ao se encontrar diante de um paciente (Eintington *apud* Millot *apud* Mendes, 2006, p. 31).

Segundo Mendes (2012), a supervisão não é um dever imposto, mas uma condição ética, e constitui um dos três pilares da formação de um psicanalista. Ela cita o aspecto de ser uma superaudição, expressão que seria atribuída a Lacan.

Na área da psicologia clínica, a supervisão origina-se na psicanálise como uma das partes do tripé da formação do analista. O nascimento formal da supervisão aconteceu no primeiro instituto de formação de analistas, fundado por Karl Abraham e Max Eitington em 1920, em Berlim (Mendes, 2012). Como um dado histórico, vale citar que "o termo supervisão aparece escrito por Max Eitington, pela primeira vez, no relatório da clínica, em 1922, no artigo de M. Moreau" (*apud* Mendes, 2012). Para os fundadores, o analista, com a alta após sua análise didática, sentia-se desamparado diante do cliente. Segundo Mendes (2012), "o que compreendemos é que a esta altura a clínica fundada em Berlim pretendia atender a mais pessoas e não possuía o número adequado de analistas experientes à disposição". A supervisão surge com um objetivo de acompanhamento e, certamente, controle da análise realizada.

Yontef (1996) ressalta a importância da terapêutica como objetivo central na supervisão. Para ele, o supervisor irá auxiliar o supervisando nos problemas, dificuldades e preocupações específicas que envolvem seus clientes. A ênfase é no terapeuta que o supervisionado é, tendo como tripé os sistemas e a metodologia da terapia, a estrutura e o caráter do cliente (supervisionado enquanto pessoa) e as ressonâncias.

Yontef (1996) destaca ainda que na Gestalt não há transferência ou contratransferência, mas emoções e reações emocionais que ali emergem na interação com o terapeuta e que estão ocorrendo no presente, precisando ser diferenciado o que é do terapeuta e o que é do cliente, promovendo assim a atualização e a compreensão do grau de energia que essas situações inacabadas têm na vida do cliente.

Na interação com o cliente ocorrem ressonâncias, e por isso a terapia do supervisando é de suma importância para atingir o grau de diferenciação necessário, pois ele é suscetível às reações emocionais desencadeadas pela relação terapêutica. Esse grau de diferenciação possibilita a humildade terapêutica: admitir sua resistência e/ou dificuldade e trabalhar com o cliente sua reatividade a ele ou a eles, no caso de trabalho com casais, famílias ou grupos. Embora o aprendizado do fazer clínico deva ser considerado da ordem da transmissão, como um ofício artesanal, o lugar ocupado pela supervisão tanto na psicanálise como nas demais psicoterapias é muito abrangente, pois, ao dar conta também do nível formativo, o supervisor deve poder intervir sem adestrar.

Historicamente, portanto, em primeira instância, a supervisão foi reconhecida como um espaço a ser utilizado para lidar com a contratransferência, bem como uma forma de acompanhar a evolução do analista e o controle de qualidade. Em segunda perspectiva vêm as dimensões administrativas: a supervisão também se remete a questões burocráticas e técnicas referentes a quem pode exercer a supervisão e quais são as exigências para que o supervisor se autorize ou seja autorizado por uma instituição formadora ou universitária. Por último, e o mais fundamental, estão o crescimento da força terapêutica do terapeuta e a proteção ao cliente.

Yontef (1996) afirma que os três objetivos principais da supervisão – atender às necessidades da sociedade e da agência, o crescimento e proteção do terapeuta e o crescimento do cliente – só podem ser alcançados através de componentes administrativos, educativos e consultivos; portanto, tais composições irão variar de acordo com o contexto e o estágio de aprendizagem.

É uma realidade vivida nos meios clínicos que jovens analistas e psicoterapeutas procurem apoiar-se no início de seu trabalho clínico nas consultas a supervisores. Segundo Mendes (2012), "a prática é importante, a tal ponto que ela é sempre procurada pelos jovens analistas, estejam eles vinculados ou não a uma instituição psicanalítica".

O caráter de formação continuada afirma-se ao se pensar que o trabalho clínico é sempre um vir a ser e um vir a descobrir e descobrir-se.

A práxis da supervisão suscita muitas indagações a respeito de sua função, principalmente no que difere do papel exercido em outras relações de trabalho clínico. A prática nos ensina que há diferenças e especificidades. É preciso, então, definir no que ela consiste e fundamentar sua função nas diversas possibilidades de realização, como descrevemos mais adiante neste capítulo.

O trabalho do psicoterapeuta é contínuo. A supervisão articula o universal da teoria ao particular da clínica e amplia a prática clínica. Objetiva-se ressaltar o caráter formativo, didático e administrativo da supervisão. Há dimensões comuns a todas as abordagens e singularidades específicas da supervisão de cunho fenomenológico e no estilo da Gestalt-terapia, mas essas diversidades estão no terreno relacional e epistemológico e não no que diz respeito ao arcabouço da atuação da supervisão em si.

A primeira e primordial função da supervisão, em um sentido mais abrangente, é certamente a de auxiliar o psicoterapeuta no manejo com clientes, inclusive perpassa seus aspectos emocionais e processos de identificação com os indivíduos, casais ou famílias, uma vez eles interferem nos atendimentos de psicoterapia ou nos demais trabalhos psicológicos. Por outro lado, a prática demonstra uma evidente finalidade formativa, de aprendizagem do manejo terapêutico e de confirmação pelos pares do trabalho realizado. A supervisão adquire, então, essa dimensão mais ampla do que a devida a seus objetivos originários, especificamente o da problematização da denominada *transferência/contratransferência,* destinada aos analistas. A supervisão destina-se, principalmente, aos que já que finalizaram o processo do tripé formativo como psicoterapeutas – teoria, metodologia e trabalho pessoal emocional – e mesmo aos que contam com uma longa experiência clínica.

A revisão da literatura contempla uma exposição sobre o comprometimento dos psicoterapeutas com seu desenvolvimento clínico, obtido principalmente pela frequência à supervisão regular. Essa prática é explicitada como uma exigência técnica e ética. Em muitos países, as instituições reguladoras e as instituições terapêuticas adotam normas que explicitam a necessidade da supervisão. Mais do que uma prática regulada por instituições fiscalizadoras, a supervisão torna-se o cuidado da função terapêutica do supervisando no sentido de que aspectos de sua organização emocional, para usar uma imagem metafórica, que se manifestam como ruídos e paralisações, possam ser transformados em um som compreensível e em movimento na relação terapêutica. Em muitas situações de impasse terapêutico, na supervisão é percebido um conteúdo, uma situação inacabada ou conflitos que são direcionados e retomados no trabalho terapêutico pessoal.

Durante muitos anos, em apresentações de trabalhos e seminários sobre supervisão em congressos e jornadas, a audiência estava repleta de supervisores universitários. Evidencia-se uma necessidade de compreensão e nutrição, por parte desses supervisores, de seu papel, de uma metodologia, uma orientação para conduzir um processo com variáveis muito peculiares. A literatura sobre supervisão em geral e mais especificamente sobre supervisão universitária é ainda mais escassa. Então, como desenvolver um ofício tão fundamental à profissão? Empiricamente? Também a supervisão é uma transmissão?

A tradição da profissão de psicoterapeuta em geral indica que o processo de educação ou formação continuada deve ser exercido regularmente, tanto nos primeiros anos de atuação clínica como durante toda a vida profissional dos psicoterapeutas. A supervisão ocupa um lugar de fundamento, de cuidado, desenvolvimento e compromisso ético com o fazer da psicoterapia, e para isso mais capacitação deve ser produzida.

Após os anos de sistematização e reflexão, idas e vindas no ofício de supervisora, o Centro de Gestalt-terapia (CgT) Sandra Salomão organizou um curso para supervisores. Em busca de bibliografia, a autora deparou-se com o livro de Williams (1995) *Supervisão visual ativa*, em que ele apresenta uma excelente síntese e nomeação das várias situações vivenciadas por supervisores e terapeutas. As intervenções terapêuticas foram organizadas como intervenções voltadas para o foco e intervenções relativas aos papéis que o supervisor pode exercer em dada supervisão.

Após o curso, com metodologia própria e com base nessas múltiplas percepções, a autora realizou durante alguns anos uma pesquisa de observação de como funciona um processo de supervisão recorrente e sistemático com indivíduos pertencentes à formação no CgT. A partir da adaptação de uma tabela de Williams (1995) que sistematiza os diferentes focos e papéis que se revezam em uma supervisão, foi construído um instrumento de observação da supervisão e teve início uma observação sistematizada dos focos e papéis do supervisor na supervisão da equipe. Posteriormente, foi empreendida uma pesquisa institucional que ainda se encontra em andamento, mas que foi suspensa em virtude da pandemia e que será apresentada na próxima oportunidade.

A pesquisa originou-se da necessidade de observar e tornar explícitas as áreas de competência e identificação de áreas a serem desenvolvidas no trabalho de psicoterapeutas da equipe de terapeutas do Curso de Formação em Gestalt-terapia. Com esse objetivo foi implementado o referido instrumento, que contempla a observação dos diferentes "focos" de atuação dos terapeutas e dos papéis do supervisor e que será desenvolvido neste capítulo.

Embora essa pesquisa não seja o propósito deste texto, falar sobre ela pode incentivar o estudo sistematizado sobre supervisão em Gestalt-terapia, pois se trata de um instrumento de compartilhamento, apoio, parceria, orientação, desenvolvimento e validação profissional. Com tantos possíveis caminhos a percorrer para abordar o tema supervisão, com certeza é valioso, neste artigo, compartilhar a compreensão e a sistematização metodológica por nós desenvolvida.

Este recorte aborda as diferentes inserções e modalidades da supervisão, os focos e papéis que o supervisor é convidado a desempenhar na atuação profissional em supervisão e é finalizado pela perspectiva analógica da supervisão enquanto arte, experiência sensível, estética, que contempla a percepção intuitiva e sutil que essa prática profissional demanda. A supervisão tem múltiplas faces. Em última instância, busca-se o aprimoramento do terapeuta em prol do cliente e, por consequência, o desenvolvimento do supervisor enquanto supervisor.

Modelos de supervisão: o modelo clínico, didático, o modelo misto e o modelo formativo

De acordo com Gravouil (2016), há três tipos de supervisão: a clínica, a didática e os modelos mistos. É incluído aqui o modelo formativo, que é uma integração e não uma alternância dos dois primeiros e que vai ainda mais além porque se compromete com o treinamento do futuro terapeuta ou desenvolve o terapeuta mais experiente.

A supervisão clínica objetiva ser "um lugar de pesquisa, ou busca de estratégias e de respostas aos problemas clínicos imediatos" (Gravouil, 2016, p. 42 [tradução da autora]). A supervisão didática, para Gravouil, "coloca em segundo plano o que se deve fazer com tal ou qual cliente para colocar a ênfase sobre o que a teoria e o método de referência orienta como reflexão e como tratamento na situação" (2016, p. 42 [tradução da autora]), e a supervisão mista é o encontro das duas.

Essa definição, muito interessante para o que vamos desenvolver adiante, não se destina a discutir o tipo de intervenção adequada àquela necessidade concreta do supervisionado, mas as características da situação de supervisão e do supervisor no que diz respeito à sua identidade e ao tipo de postura. Como afirma Gravouil, dentro de uma experiência concreta da supervisão, "dado o quadro clínico, como identificar o significado desta situação clínica e como agir sobre ela, respeitando a consistência geral da abordagem" (2016, p. 42 [tradução da autora]).

Aqui reside a diferença entre um supervisor didático e um supervisor clínico: "o supervisor didata, diferente do supervisor clínico, não é principalmente um colega que aconselha, mas, bem, um professor mestre" (Gravouil, 2016, p. 42 [tradução da autora]).

Há pontos cruciais a destacar no texto da autora e que servirão para sustentar a postura e o modelo preferencial – o modelo formativo de supervisão, como será apresentado adiante, consiste na definição das características da modalidade de supervisão. Para Gravouil:

> O supervisor clínico é alguém que é escolhido pelo supervisionado em função de sua competência geral ou expertise em torno de um dado problema (toxicomania, estados depressivos, abusos etc.); o supervisor didata é escolhido pelo supervisionado e/ou é designado pelo instituto ou sociedade de legitimação da prática em função de seu domínio teórico e metodológico específico e de sua capacidade reconhecida de transmiti-lo (2016, p. 42 [tradução da autora]).

Para finalizar as contribuições da autora citada para esta reflexão, ela ainda distingue claramente que, por ser a supervisão clínica uma livre escolha do supervisionado, incide sobre ele a responsabilidade daquilo que recebe e pelo qual deverá prestar contas no que se refere ao controle de qualidade perante seus clientes e diante das instituições reguladoras da profissão. Segundo ela, na supervisão didática, para exercer a função, o supervisor deverá avaliar continuamente a competência do supervisionado, bem como agir como terapeuta/facilitador quando a situação exigir contenção, porque ele mesmo possui "solidez e competência" (Gravouil, 2016, p. 43 [tradução da autora]).

A seguir é apresentada a ideia/proposta de supervisão sugerida pela autora, a supervisão formativa, que inclui as instâncias clínica e didática, tais como definidas por Gravouil (2016, p. 43), e outras dimensões que se aproximam da proposta de supervisão mista. A supervisão é o principal recurso e é um processo legítimo de formação continuada. Quando a supervisão clínica está associada à supervisão didática em instância institucional, o psicoterapeuta pode contar com a assistência de um *expert*, mas não se encontra sozinho nessa responsabilidade porque há uma supervisão reguladora não só da qualidade de seu trabalho, mas um contato constante com os princípios teóricos e metodológicos da abordagem que adotou, transmitida no melhor estilo artesanal.

A psicanálise propôs desde seu início trabalhar os aspectos transferenciais e contratransferenciais para dar continuidade à pós-formação do terapeuta, integrando todos os níveis do ser terapeuta – competência emocional pessoal, teórica e metodológica – e esse processo deve estar atrelado a um supervisor didata/formador e a uma equipe didata, estabelecendo um nível hierárquico e um nível de expertise, porque a etapa avaliativa e o aporte emocional imbricado no técnico são partes fundamentais do trabalho de evolução do terapeuta e porque o processo de aprendizado nesse complexo ofício ocorre de maneira continuada.

Cursos e congressos são excelentes reguladores do trabalho do Gestalt-terapeuta porque mostramos nosso trabalho e assistimos ao que os demais desenvolvem, mas esses monitoramentos são limitados. Em uma abordagem relacional, dialógica, cuja filosofia, teoria e intervenções terapêuticas são posicionadas sobre o *entre*, essa unidade indissociável, o aperfeiçoamento não pode prescindir da observação processual de outra unidade integrada e necessária: a teoria, a técnica e os aspectos emocionais, relacionais e históricos do terapeuta devem ser observados com regularidade e problematizados através da relação, em supervisão. Pontos cegos, como se costuma dizer, são cegos, e não se age naquilo que não se vê, e não se emprega o que não se conhece.

Em acréscimo, vale lembrar que a supervisão é a terapia da função terapêutica e não da pessoa do psicoterapeuta (Salomão, 2016). Quando ela é formativa, apresenta-se simultaneamente didática, clínica e da ordem da transmissão. Eis algumas características que descrevem o modelo formativo: ajudar o terapeuta a fazer leituras sobre como o ou os clientes estão deslizando de uma experiência para outra, os padrões ou cristalizações de fundo que se apresentam na relação, aprender a fazer uso das emoções que experimenta como leitura do que os atendidos provocam em sua vida e aprender a trabalhar isso, no aqui e agora da sessão, ao focar nessa transposição, identificar os temas subjacentes aos impasses, aplicar o que aprendeu sobre funções e disfunções de contato, como ajudar os clientes a se deslocarem emocionalmente de um ponto ao outro (por exemplo, ao utilizar a cadeira vazia), como criaram um novo ajustamento criativo ou novas integrações.

O supervisor exemplifica na supervisão a transposição de um campo emocional a outro. Aprender a ver a transposição das dificuldades de uma área relacional a outra é fundamental para o trabalho terapêutico. Em supervisão de terapeutas de casal, é imprescindível ver a terceira entidade (Zinker, 2001) e como as dificuldades do casal são provocadas pelo emaranhamento com a família de origem, as reproduções do sistema social, e como o casal repete entre si e com os terapeutas as relações de matriz familiar e suas pautas de funcionamento.

Em várias ocasiões, escutamos afirmações de colegas de que a supervisão não é psicoterapia. Concordamos com tal afirmação, da mesma forma que pensamos que na psicoterapia do Gestalt-terapeuta não se deve fazer supervisão. Porém, em todo encontro de supervisão, ao transitarmos de um papel para outro e ao elegermos o foco ou os focos daquele encontro, certamente passaremos pelos aspectos emocionais do terapeuta, o já mencionado ponto cego ou apenas situações que o estão mobilizando em razão da etapa de seu ciclo vital ou do ciclo vital de sua família. Então, cabe uma função terapêutica com propósitos de diferenciação.

A supervisão requerida pelo terapeuta mais experiente em geral recai sobre o si-mesmo do supervisionado. Ocorre quando ele se experimenta confuso, angustiado ou paralisado, ou ainda se percebe em um *acting out* – "Por que eu fiz isso?" – ou se percebe confrontado com uma questão não resolvida que, como mencionado anteriormente, pode afetar sua capacidade para estabelecer uma relação terapêutica com o cliente ou manejá-la.

Quando se pensa em atuações profissionais em instâncias ainda iniciais, durante os cursos de formação ou estágios de graduação, há uma qualidade mais formativa da supervisão, no sentido de desenvolver a atitude e o estilo do ser terapeuta, autorizar o uso das ferramentas gestálticas relacionais e os experimentos e a problematização do lugar do terapeuta, que é uma das tarefas dessa supervisão. Um terapeuta iniciante pode estar perdido por envolvimentos no campo emocional, à semelhança do que ocorre com o terapeuta experiente.

É crucial a problematização de como realizar a supervisão em um momento em que a necessidade de acolher os sentimentos de medo, paralisação e impotência se faz muito presente. Ao supervisor, compete identificar o quanto o impasse é ressonância do espaço relacional terapeuta/cliente, de sua história emocional familiar, de situações inacabadas ou uma tensão correlacionada a dificuldades ou características do supervisando que dificultam situações de enfrentamento do desconforto ou dor dos clientes. A própria organização emocional do terapeuta pode e deve ser trabalhada a serviço do cliente e do próprio terapeuta.

Porque essa prática envolve uma complexidade de relações, pois todo encontro de supervisão pressupõe inúmeros atravessamentos, o supervisor deve deixar bem claro, para si mesmo e para o supervisando, a demanda daquele encontro e os limites das intervenções de facilitação emocional. Ainda assim, ao ter a necessidade definida como uma figura nítida para aquele encontro, precisa estar atento às mudanças de enquadramento que se fizerem necessárias. Em um sistema de supervisão estão presentes diversos códigos articulados: os múltiplos códigos de teorias sobre saúde mental, os registros sociais, todas as histórias pessoais dos envolvidos e também as múltiplas experiências do supervisor.

A supervisão compreende, portanto, transitar desde as dimensões administrativas, quando se está em uma clínica institucionalizada, ou pedagógicas, em situações de estágio e formação, até as instâncias emocionais, como descrito anteriormente, quando as projeções ou a história familiar dos clientes levam o psicoterapeuta a uma identificação paralisante.

Tantas dimensões evidenciaram a necessidade de identificar os diferentes papéis do supervisor, a saber: o papel de professor, de facilitador ou nível terapêutico quando a situação é de cunho emocional, o avaliador, o consultor (Williams, 1995), o formador, quando em paridade de conhecimento e experiência com outros psicoterapeutas, e também os focos que serão escolhidos, como o relato do supervisor sobre o cliente, a forma como a relação está ocorrendo entre o terapeuta e o atendido ou a própria relação com o supervisor, dentre outros focos que abordaremos mais adiante.

Uma supervisão pressupõe interfaces e relações entre os aportes teóricos, técnicos, éticos e institucionais por um lado e, por outro, as histórias pessoal e familiar, plenas de registros e marcas existenciais. Ela se destina a vários momentos, fases e necessidades do processo de desenvolvimento da identidade e do estilo do psicoterapeuta ou do funcionamento de uma instituição. É produzida por necessidades e interesses superpostos, de acordo com o contexto em que está inserida. É preciso estabelecer a cada dia seu objeto, aquele que responderá às angústias, necessidades e expectativas mais prementes daquele encontro de supervisão e, ao mesmo tempo, observar aquela unidade na totalidade do processo.

Fazer arte não é simples, uma supervisão também não: artesãos em ação

Arrisquemos uma definição autoral: a supervisão é legitimada pelo fazer artesanal – quase uma arte, quase uma ciência – de ensinar sem adestrar e de propiciar o aprender para além de imitar, constitui-se como o momento de unir as várias instâncias do trabalho clínico da psicologia. É quando o saber, o sentir e o fazer estão unificados em uma mesma unidade, mas vão além do processo do atendimento da psicoterapia. O supervisor ou o momento da supervisão pressupõe a arte de construir um entendimento abrangente da situação total do terapeuta, de sua relação com o cliente, de seu diagnóstico e de seu processo, do diagnóstico da dificuldade do terapeuta e, por vezes, trabalhar sua própria relação com o supervisando, a equipe ou a instituição.

A supervisão diz respeito ao processo de desenvolvimento do psicoterapeuta, do supervisor, das fases do processo do grupo supervisionado nas supervisões realizadas em equipe e em âmbitos institucionais e da necessidade diagnóstica do processo existencial do cliente e da evolução do processo desse na terapia – transmitir, por exemplo, sabedoria de vida e mostrar ao supervisando seu momento de ciclo vital, o que possibilita intervenções pertinentes às fases da vida do cliente. As intervenções transitam desde um nível hierárquico até uma relação pessoa-pessoa, e a atuação do supervisor e o estilo de sua atitude pedagógica, clínica ou formativa definem o enquadre da supervisão.

O que cabe em uma dada supervisão? Compartilhar experiências? Provocar o desenvolvimento das iniciativas e reflexões do terapeuta? Avaliar seu desenvolvimento? O supervisor acaba por ocupar um pretenso lugar de validar as experiências dos envolvidos na supervisão ou é de fato necessário e legítimo haver o reconhecimento e a validação – por um igual – do manejo que o supervisionado realizou?

Há algo que o supervisor faz ao validar as competências pessoais ou a capacidade de o estagiário ou formando ir transformando seu aprendizado e suas próprias terapias pessoais em capacidade de manejo com seu ou seus primeiros clientes (Salomão, 2016).

As afirmações do supervisor precisam ser não valorativas e não devem ter o peso de verdades absolutas. Quando não se utilizam tempos verbais e expressões imperativas do tipo "você deve", "isso está certo" ou "isso está errado", é criado um campo de compreensão do que ocorre que não estimula as defesas do supervisando e que também não o desqualifica. É o momento em que as várias perspectivas vão sendo escutadas, e aquelas que no eixo da supervisão vão fazendo mais sentido ou dotando de mais significado as questões ou os impasses vividos na cena terapêutica vão sendo escolhidas (Salomão, 2016).

Há intervenções que vão formando durante as supervisões uma *gestalt* que inclui sentimentos e sensações do momento da supervisão, fantasias, imagens, lembranças, experiências anteriores suscitadas no supervisor ou em outros participantes da supervisão, quando realizada em equipe. A atitude de agregar e compreender em vez de dotar o processo de supervisão da busca seletiva de uma verdade única permite que venham à tona as figuras de maior relevância no processo de supervisão. Pensamentos não "impositivos", observações e impressões compartilhadas criam um fundo que possibilita ao terapeuta e ao supervisor refletirem e formularem sua própria compreensão a respeito de seus atendimentos e impasses (Salomão, 2016) como afirma Williams: "A ideia da supervisão é ajudar o supervisionando a saber mais do que quando começou a sessão de supervisão" (1995, p. 84).

Na supervisão, as conversas sobre os atendimentos tornam possível a construção de alternativas úteis para os terapeutas. Há espaço para distinguir as perguntas que refletem curiosidade clínica e curiosidades inadequadas e também a atenção às ressonâncias presentes no campo.

A base da relação dialógica proporciona o crescimento do supervisando através do conhecimento de si, de quem ele é e do que acontece no *entre* da relação, ou seja, a atitude dialógica possibilita não somente conhecer o paciente, mas também que a supervisão tenha o objetivo de supervisionar as reais necessidades do supervisando e faz do Gestalt-terapeuta um meio para o fim em vez de um fim em si. A supervisão com base na relação dialógica permite deslocar do eu-isso – falar sobre "o caso" – para a construção da relação eu-tu não somente entre terapeuta e paciente, como também entre supervisor e supervisando (Salomão, 2016).

Quanto menos capacitação o supervisando possui em termos de formação clínica e terapia pessoal realizada, mais complexo se torna o papel do supervisor em termos de orientação e, quanto mais trabalho emocional e formação o supervisando possui, mais o foco deve ser dado às emoções vividas na relação terapêutica. A supervisão é em si uma bússola. Conceber, então, um texto-bússola é útil para os que se iniciam nesse ofício de supervisor e visa fornecer aos mais experientes instrumentos que os ajudem a realizar intervenções adequadas aos níveis de evolução dos psicoterapeutas supervisionados, bem como a serem sensíveis a peculiaridades no processo de supervisão de um único supervisando. Para os mais antigos no percurso, trata-se de um sucinto manual em que o supervisor reconheça sua experiência e avance para reflexões sobre a supervisão do supervisor ou sua própria supervisão.

A experiência de observação do trabalho e do relato do supervisando é um acompanhamento participante. Ao atuar em processos de supervisão em diferentes âmbitos profissionais que solicitam respostas diversas a impasses terapêuticos diferentes, começa-se a sistematizar eventos que se repetiam e a perceber a necessidade de desempenhar diferentes papéis e eleger focos distintos de acordo com o desenvolvimento do terapeuta e as características da inserção institucional da supervisão.

Isso acontecia de acordo com o grau de desenvolvimento e a experiência daquele psicoterapeuta. A supervisão oferecida a profissionais e grupos de Gestalt-terapeutas com níveis de sabedoria e experiência clínica claramente distintos provocava diferentes e específicos modos de interação e intervenção com os supervisandos e as equipes.

O processo de refletir e escrever sobre essas observações conduziu à identificação e à nomeação de algumas dimensões da supervisão, bem como à escolha de enfoques mais adequados a cada etapa e a cada supervisando ou grupo supervisionado. Focos e papéis referem-se aos diferentes tipos de intervenção e são adequados em dada situação de supervisão.

Dimensões evolutivas foi a expressão que ocorreu à autora para definir os diversos níveis de experiência dos profissionais e também para abordar os atravessamentos e as ressonâncias que podem ocorrer durante uma supervisão ou um processo de supervisão individual ou institucional.

Tipos de supervisão, dimensões evolutivas e suas vicissitudes

Vistos esses aspectos, segue uma classificação necessária para a discussão das atuações dos supervisores em suas distintas oportunidades de supervisão.

São elencados alguns tipos de supervisão mais recorrentes, porque essa tipologia tornará possível definir quando a supervisão tem uma ênfase clínica, didática ou formativa. Uma supervisão pode ser solicitada ou destinada, entre outros, a:

- Um psicólogo autônomo.

- Uma equipe que faz parte de um estágio universitário.
- Um grupo e ser vinculada ao curso de formação.
- Um grupo em um serviço de psicologia de uma instituição.
- Um grupo de psicólogos autônomos.
- Um indivíduo autônomo.
- Uma equipe multidisciplinar em instituições hospitalares.
- Um indivíduo/instituição.
- Um trabalho com casais e famílias.
- Um trabalho com grupos.

São muitos os atravessamentos em cada situação de supervisão. No estágio universitário, por exemplo, há a inserção da instituição universitária e da orientação acadêmica mais enfatizada, a comparação com os outros grupos de supervisão e até mesmo a rivalidade entre as abordagens. São muitas as nuances: há regras da instituição, normas do Serviço de Psicologia Aplicada (SPA) que em geral funcionam com certa autonomia, como se fossem uma entidade à parte do curso de psicologia. Há ainda a situação acadêmica, pelo fato de essa atividade profissional ser avaliada por meio de uma nota "para passar" e, consequentemente, as regras da instituição perpassam esse momento e lembram ao terapeuta estagiário que ele é um aluno.

A complexidade do relacionamento intragrupo em uma situação na qual o desempenho pessoal preocupa muito o estagiário ou o psicoterapeuta de uma instituição é acrescida de interferências externas ao grupo, o que provoca no supervisor a necessidade de identificar quais questões externas são incompatíveis, causam algum tipo de tensão não produtiva, e o quanto o grupo vai precisar estabelecer uma "fronteira de contato" muito mais seletiva. Em geral, os momentos em que as variáveis externas estão intervindo muito no processo da equipe constituem uma oportunidade que esta encontra no sentido de tornar mais claras suas relações internas, sua força ou fraqueza, seu grau de coerência e integração e a possibilidade de crescimento.

Após essa primeira grade de questões institucionais, é óbvio que questões intragrupos são ativadas em todo e qualquer trabalho coletivo – os atravessamentos que vão ser examinados em um próximo nível são, portanto, relativos à história do próprio grupo. As pessoas já se conheciam? Havia problemas de relacionamento anteriores? Relacionam-se fora do grupo? E no grupo? O grupo é suportivo? Atua sem crítica ou com baixo nível de crítica? Aceita se trabalhar técnica e emocionalmente? A supervisão dada em grupo abrange uma multiplicidade de relações que nem sempre estão *aware*, principalmente para os supervisandos.

Em um estágio inicial de supervisão, a compreensão de que esses níveis existem é muito abstrata, principalmente para os que começam, tanto para o supervisando como para o supervisor. Sem uma problematização prévia sobre a postura do supervisor, uma supervisão pode ser restrita a uma orientação técnica. Uma forma muito reducionista consiste em chegar à supervisão com a ideia de que sua ação é algo que vai ser dirigido apenas para o cliente, pois exclui o alto grau de ressonância que pode existir entre a dificuldade com o cliente e as circunstâncias dos vários *entres* das relações terapêuticas.

Para os supervisores universitários em Gestalt-terapia, é preciso lembrar o quanto ainda estamos mergulhados em uma hegemonia teórica universitária ou em outros discursos conceituais e metodológicos que trazem os estagiários, e o contrato de trabalho com um enquadre claro sobre a forma de funcionamento, as expectativas e as peculiaridades da abordagem precisa ser combinado com muita ênfase (Salomão, 2016).

Em outros grupos ou equipes ligadas a grupos de formação ou instituições clínicas, semelhantes tipos de impasses se manifestam, obviamente, com características de maior ou menor autonomia de cada situação grupal em relação às instâncias externas. Tanto na supervisão realizada em grupo como nas individuais, a palavra-chave é a multiplicidade de relações. Antes de relacionarmos algumas das tríades possíveis, devemos lembrar que em toda supervisão há passos relacionais, ou seja, só se consegue prosseguir satisfatoriamente em uma direção quando foi resolvido um passo anterior em termos de necessidade e adequação ao contexto dado.

Sempre que uma relação de supervisão se estabelece, uma complexa rede de interações se põe imediatamente em funcionamento. São encontradas as seguintes inter-relações:

1. Entre os membros supervisionados do grupo.
2. A tríade formada pelo terapeuta, o relato do supervisando sobre o cliente e a escuta do grupo.
3. Ressonância entre a história do terapeuta e a(s) história(s) do(s) cliente(s).
4. Entre o campo de relato do supervisionando sobre o cliente e a escuta do supervisor.
5. Ressonâncias do supervisando e do supervisor quanto à história do cliente.
6. Entre as histórias de vida pessoal e profissional de cada supervisionando e as de cada membro da equipe de supervisão.
7. Ressonâncias entre o supervisionando, o supervisor, a instituição, a equipe, o cliente, o casal ou a família atendidos.
8. A história do grupo de supervisão, a relação entre supervisor e supervisionando e o grau de conhecimento ou experiência de ambos.

A lista de possíveis interações é enorme e contém mais itens, sendo destacados aqui apenas os mais recorrentes.

O ponto é que há um tecido com todos os entrelaçamentos de faces que compõem os fios que vão criar o campo da situação específica de um terapeuta, trazendo seu atendimento para compartilhar, seja em busca de confirmação, seja à procura de esclarecimentos teóricos, técnicos e/ou emocionais. Ao serem identificadas as interfaces, configura-se o que deve ser trabalhado.

O cerne da supervisão resume-se a discutir o enquadre da supervisão: a postura do supervisor e os possíveis manejos e limites de uma supervisão, uma vez que cada encontro de supervisão precisa de clareza quanto a seu objetivo, que é definir a questão a ser problematizada naquela sessão. O terapeuta, com sua experiência singular, o supervisor, com sua experiência clínica e também singular, e o cliente, com sua experiência específica, estabelecerão uma história a partir do que puderem construir juntos na relação do supervisor com o terapeuta, no *entre* da história deles e da relação de ambos com o cliente ou do impasse clínico trazido pelo terapeuta.

➤ Dimensões evolutivas

Os estágios de desenvolvimento do ser terapeuta e algumas de suas necessidades prioritárias são mostrados resumidamente a seguir.

Estágio universitário

Nesse estágio, o aluno, em geral, não tem uma formação específica em Gestalt-terapia e precisa de todos os níveis de assessoramento. Para dar um exemplo no âmbito da graduação universitária, examinemos os contextos vividos com grupos de supervisão em universidades, no Serviço de Psicologia Aplicada, com alunos de graduação de psicologia no início de seu aprendizado e prática de atendimento como psicoterapeutas acompanhando um cliente individual ou um processo grupal.

Nessa fase, o supervisor se depara com as formas de lidar com os muitos medos, perguntas, fantasias catastróficas ou anastróficas formuladas pelos supervisionados. Como um primeiro e possível impasse do supervisor, ele mesmo se indaga sobre como proceder em um estágio de atendimento com alunos sem formação clínica e, às vezes, ainda no início do processo terapêutico de autoconhecimento. Estamos no primeiro estágio, instável, e com forte ressonância no campo supervisor-supervisando-grupo de supervisão.

O processo de supervisão em sua primeira etapa pode, então, começar pelo suporte ao medo do desconhecido por meio do trabalho com as cenas temidas pelos estagiários. É fundamental o incentivo aos alunos para que se apropriem de suas competências e experiências anteriores, quando foram capazes de superar impasses. Em seguida se dão a discriminação e a problematização dos sentimentos narcísicos ou de insegurança que acompanham a preocupação excessiva com o desempenho. Portanto, antes de desenvolver qualquer aspecto da metodologia ou da filosofia do trabalho gestáltico, a fase inicial da supervisão consiste em colocar o foco no instrumento pessoa do terapeuta e fazê-lo se apropriar de suas competências pessoais para manejar a vida e suas preocupações pertinentes e legítimas ou um foco exagerado e de fundo emocional anterior devido a situações inacabadas, o que já é em si mesmo instrumental.

Depois são apresentados e discutidos o *entre* (Hycner, 1997) da relação terapêutica dialógica, a atitude fenomenológica, a parceria, o papel do terapeuta, a simetria da relação, e pouco a pouco a co-construção da percepção diagnóstica, a identificação dos modos de fazer contato, as situações inacabadas e a *awareness* de ambos. Nesse nível, o supervisor compartilha sua experiência clínica, e a ênfase deve ser dada à presença com o cliente, embora, em geral, o pedido do estagiário seja, na primeira etapa do estágio, o que ele deverá fazer na próxima sessão. Uma das intervenções mais frequentes da autora como supervisora é acentuar a importância da presença do terapeuta: "Fique com o cliente" é uma fala que entoa o hino dos terapeutas estagiários.

Antes de fornecer ou indicar um recurso técnico, uma orientação, ou transmitir uma sabedoria clínica, é fundamental tornar o supervisando *aware* da motivação de sua pergunta tão recorrente nos primeiros encontros: "Mas o que eu faço na próxima sessão?"

O aprendizado do ofício do supervisor pode ser comparado ao do ofício do psicoterapeuta e é possível pensar na profissão, principalmente como Gestalt-terapeutas, como um trabalho de aprendizado artesanal e como tal transmitido para os que iniciam a caminhada por aqueles que estão há mais tempo na jornada. Pensar nessa atuação segundo uma perspectiva artesanal não é uma licença poética. Essa concepção ajuda a lidar com variáveis delicadas desse processo, pois coloca a questão do poder como algo que vem do saber do supervisor e é manejado de modo que o supervisando não se sinta incapaz ou eleja um ídolo.

Ser supervisor não é tarefa simples. A supervisão não se restringe à transmissão do manejo nem à observação dos pontos cegos do Gestalt-terapeuta ou do ensino de uma técnica, de um estar com o outro, espelho, presença. Porque é isso tudo junto, e muito mais.

Construção é a palavra que emerge. Na melhor tradição do *entre*, da relação dialógica (Hycner, 1997), ao pensar na sala de supervisão na universidade, e mesmo agora, a partir da experiência da relação remota através da internet, configura-se uma imagem do diálogo e dessa experiência de construção. Ouvir o estagiário falar sobre seu cliente é uma costura de momentos: rastrear, perceber seus movimentos, para onde foi, seu estilo pessoal, suas dúvidas, sua necessidade de certezas para acalmar o medo, seu medo de correr riscos ou atuar como conselheiro para aplacar sua angústia ou ansiedade. Até chegar ao "momento eu-tu" (Hycner, 1997). Há sempre o dia em que um deles chega e diz: "Hum, fiz 'M'." Algumas vezes, sim; em outras, fez algo fantástico e criativo. Há o dia em que a história do cliente provoca uma identificação tão forte, que o terapeuta estagiário não sustenta. Dá conselhos, dá uma aula de psicologia ao cliente ou paralisa: "Será que vou conseguir ser terapeuta?"

Algumas dúvidas se repetem, apesar de mudarem os atores, porque são devidas ao processo de início do aprendizado com os primeiros clientes. Diante do desconhecido, o que experimentam terapeutas iniciantes? Medos – medo do desconhecido, medo da cena temida, em geral aspectos fantasiados ou relacionados a dificuldades pessoais relativas ao grau de autoexigência inadequado a um iniciante, situações familiares inacabadas, impasses. Há dilemas emocionais e uma grande incerteza: "Vou conseguir ser terapeuta?" À angústia desse momento combina-se a preocupação com o que vai acontecer após a graduação.

Diante das perguntas mais usuais dos estagiários – O que vou fazer se meu cliente ficar em silêncio? E se eu não souber como intervir? E se ele trouxer minha cena temida? – a quais papéis e focos o supervisor deve atentar-se? Após identificar o campo de significado da dúvida e estabelecer o limite da intervenção de facilitação, alguns indicadores podem estar nos verbos que constam da cartilha do supervisor universitário: escutar, orientar, apoiar, validar, problematizar, emprestar a visão, perceber, aprofundar, confirmar, reorientar, dar limite, avaliar; sobretudo lembrar que o trabalho é em equipe, depois de mostrar o valor que o percurso feito pelo terapeuta tem dentro do processo do cliente. Essa percepção ampla ajuda a captar ressonâncias com a história do supervisando no trabalho com o cliente e a identificar as lacunas e o desconhecimento dos manejos.

A supervisão precisa fornecer referencial teórico e discussões a respeito da atitude que permitam que o estagiário possa fazer intervenções com a diferença entre uma interferência leiga e uma intervenção profissional, mesmo que sua fala seja de ordem pessoal, intuitiva, espontânea, responsiva no sentido dialógico, pertinente e adequada.

Depois, as demais competências profissionais precisarão entrar em cena. Fazer contato é parte importante da relação terapêutica, mas com certeza não é a única função presente e necessária em um atendimento. O eixo compreensivo em psicoterapia gestáltica é tão fundamental quanto a compreensão do processo do cliente e do próprio processo do terapeuta na relação.

O passo seguinte consiste em discutir a esfera metodológica e técnica. Se o terapeuta é iniciante e não tem formação, é preciso que algumas "formas" de fazer o auxiliem inicialmente a estabelecer com o cliente um nível emocional de diálogo terapêutico.

O terapeuta iniciante e estagiário universitário vai ter necessidade de receber orientações gerais, informativas, formativas, metodológicas e técnicas e precisa estar *aware* de que aspectos pessoais estão presentes em seu atendimento (Salomão, 2016).

O cuidado que o supervisor precisa ter nesse caso é a habilidade de esclarecer para seu(s) supervisando(s) a diferença entre um atendimento tecnicista e a técnica como um instrumento complementar de trabalho para a relação terapêutica, ou seja, um experimento. Os riscos dessa etapa de supervisão dizem respeito à ideologia pedagógica do supervisor e à gradação das intervenções. Sobre a ideologia pedagógica, não se pode escapar a um estilo, mas cabe estar *aware* de como ele afeta a supervisão. Fundamental é refletir sobre o enquadre em que estamos posicionados, uma vez que não é possível deixar de estar em algum estilo pedagógico nem fora de um modelo de supervisão. Permanecer atento a esses permite que as condições e os problemas que possam ocorrer no contexto da supervisão sejam bem compreendidos.

Os pontos citados – o estilo pedagógico ou clínico do supervisor e a orientação a partir da teoria de campo e de uma relação dialógica – já são, por si sós, um capítulo à parte. Para uma melhor compreensão sobre o estilo pedagógico ou formativo do supervisor, é sugerida a leitura do texto de Yves Mairesse "La relation d'apprentissage et le stile du superviseur", publicado na revista *La Supervision em Gestalt-Therapie du Lien* (2016) e citado nas referências, no final deste capítulo. Quanto à relação dialógica, recomenda-se a leitura de *Relação e cura em Gestalt-terapia*, obra também citada no final deste capítulo.

Psicólogo que realiza um processo de formação clínica em Gestalt-terapia de longa duração

Esse psicólogo recebe informação teórica, instrumental, trabalho emocional e, como parte da instrumentalização, vai se submeter a uma supervisão como requisito para seu treinamento na instituição de formação.

O formando é um psicólogo que atua ao mesmo tempo que aprende, e a postura que o supervisor adota é ampla. Contempla o atravessamento da formação e da instituição e suas ressonâncias na atuação do terapeuta. Portanto, ao mesmo tempo que supervisiona, ele desenvolve um papel pedagógico, formativo e avaliativo no sentido de como o terapeuta está se desenvolvendo, assimilando a atitude gestáltica, seu grau de autonomia e iniciativas, sua capacidade de lidar com as situações inesperadas que emergem nas sessões, no emprego de si mesmo e suas experiências, bem como no uso das ferramentas gestálticas. Há necessariamente um olhar avaliativo para esse psicólogo que vai exibir o título de Gestalt-terapeuta a partir daquele curso, e o processo de avaliação é um dos aspectos mais fundamentais dessa supervisão.

Nesse nível há um grau mais alto de autoexigência sobre o desempenho por parte dos terapeutas supervisionados. Eles começam a ter mais clareza sobre seu próprio processo emocional e a relação deste com seu trabalho, uma percepção um pouco maior de que pode estar havendo uma dificuldade causada por pontos cegos referentes a seu próprio processo existencial. O terapeuta arrisca um pouco mais, principalmente no uso das ferramentas relacionais ou técnicas da Gestalt-terapia, e utiliza mais os experimentos. Ainda não há muita habilidade com o *entre*, com a observação dos estados relacionais como padrões dos clientes que os provocam.

Os supervisionados em geral ainda se sentem muito responsáveis pelo processo do cliente, havendo uma tendência ao superacolhimento deste e, em última análise, de si mesmos. O excesso de confluência é sempre um risco, bem como cobranças exageradas de desempenho e dificuldades para fazer intervenções que considerem desagradáveis. Além disso, a raiva está muito presente, quando o cliente não corresponde às expectativas de evolução. Nessa fase do desenvolvimento terapêutico, o supervisor precisa estar atento para colocar em discussão o espaço do cliente e o não atendimento de necessidades de gratificação do terapeuta, bem como o desenvolvimento das ferramentas terapêuticas dialógicas e o uso apropriado das técnicas.

A presença dos princípios teóricos aplicados à clínica é uma interface que aparece com maior amplitude em experiências de supervisão nos cursos de especialização ou formação clínica. A teoria é ensinada mediante a vinculação do conceito à experiência nas aulas de formação e nas terapias pessoais formativas, correlacionando-a à prática clínica. Trata-se de uma das melhores maneiras de ensinar e de aprender, já que a Gestalt-terapia contém princípios conceituais que são experimentados diretamente pelo supervisando em sua formação e são aplicáveis imediatamente ao que está sendo vivido no processo de atendimento.

O aprendizado que faz sentido é o aprendizado metaforizado ou exemplificado na experiência emocional de vida do terapeuta, nos experimentos vividos na formação e na experiência de seus atendimentos. Nas situações de ensino universitário, a supervisão apresenta uma forma teórica parecida com o ensino da teoria em sala de aula: é um pouco mais explicativa e didática, e aparece quando abordamos um aspecto mais diagnóstico ou precisamos fundamentar uma orientação técnica.

Para o supervisando em formação, a teoria estará mesclada ao método fenomenológico e à técnica e estimula o formando a refletir e aprender a fazer a transposição do teórico para o modo de funcionamento do cliente, casal ou família e as reproduções de padrões que acontecem na relação terapêutica, e principalmente a trabalhar a partir de sua experiência e dos fenômenos presentes na sessão.

Então, ao conversar sobre o processo do cliente, sua forma de manejar o mundo, e por vezes incluí-lo em determinadas formas de ser e existir, procura-se compreender as etapas do ciclo de vida, o contexto familiar, as situações inacabadas, os aspectos psiquiátricos, abusos, a diferenciação entre transtornos de personalidade e transtornos de humor, e adentrar em esferas classificatórias, mesmo que sob uma visão fenomenológica, pois a nomeação do sintoma é o início para uma compreensão fenomenológica da psicopatologia e é necessária para instrumentalizar o supervisando com ferramentas de conhecimento clínico que ele desconhece.

Para além dos conceitos, é possível lançar a ideia de uma *teoria da prática*, na qual descrever, dialogar, expressar, compartilhar, pontuar e criar uma relação dialógica são os verbos da cartilha do terapeuta. No manual do supervisor, a prática institui uma teoria própria: são as normas do enquadramento terapêutico, do contrato de trabalho e pagamento, as preocupações éticas. A teoria da prática consiste na passagem das regras sobre as intervenções – por exemplo, características de uma primeira entrevista e de manejo da arte da psicoterapia, ou seja, aquilo que, se o terapeuta não executa, também não faz acontecer a psicoterapia. Para citar outro exemplo, seria a capacidade de manter a sessão e o processo em movimento, intervir com técnicas para provocar aumento da *awareness*.

Durante a supervisão, as intervenções são dirigidas às necessidades imediatas do terapeuta. Por exemplo, para a realização de um primeiro atendimento clínico é preciso dar atenção às instruções iniciais sobre "como fazer", que adquire um caráter diferente das orientações da etapa universitária. Durante os cursos de formação, a teoria cumpre a função de orientação e desenvolvimento de um fundo mais rico e coerente de onde possam emanar algumas condutas mais fundamentais. O aluno de formação já experimenta uma terapia formativa em que o processo terapêutico gestáltico é vivenciado enquanto ele aprende sobre ferramentas para sua prática. O formando vive em sua própria terapia o modelo gestáltico. Na etapa de formação, o supervisionado aprende sutilezas, como o fato de que ensinar a pescar é diferente de dar o peixe, aprofundar é ficar no tema com o cliente, perguntar mais e mais e sustentar a presença relacional, mesmo que o tema seja difícil para o próprio terapeuta.

Ele aprende a manejar e a sustentar situações difíceis, a não colocar sua autoestima em pauta, a vivenciar os sentimentos e emoções projetivas sem se misturar emocionalmente e a empregar técnicas e experimentos pertinentes.

Nesse âmbito formativo, são bem-vindas sugestões de intervenções terapêuticas possíveis ou alternativas. As intervenções de supervisão podem ou não ser corretivas, mas fundamentalmente devem fornecer exemplos de intervenções de aprofundamento que diminuam as deflexões e assim por diante.

Em geral, no aprender artesanal da psicoterapia criamos "falas de efeito terapêutico", que podem ou não ser jargões, desde que não artificializem a relação terapêutica e ajudem o terapeuta novato ou iniciante a começar a coleção de suas próprias ferramentas relacionais. Nessas supervisões, o "como atender" consiste em aplicar os pressupostos da Gestalt-terapia que se referem principalmente à atitude, aos procedimentos sobre a prática e ao desenvolvimento da vida profissional e dos aspectos institucionais. Também é o momento de ensinar a utilizar aportes teóricos pertinentes de outras abordagens.

A teoria na supervisão existe além de seu *status* meramente conceitual. Estamos constantemente fazendo teoria quando pensamos e refletimos sobre algo em nosso trabalho e sobre um cliente ou família e trazendo sabedoria sobre a vida. Métodos e técnicas são voltados para o trabalho do terapeuta e, nessa abordagem, esse é um desafio a mais. O terapeuta aprendiz, mais do que o Gestalt-terapeuta experiente, deseja utilizar a técnica onde falta sua presença. O coração da terapia de *gestalt* é sua visão da natureza do contato entre Gestalt-terapeuta e cliente. A relação terapêutica na terapia de *gestalt* é baseada em uma forma especial de contato, a relação dialógica (Hycner, 1997).

É no momento da supervisão que se aborda o aspecto instrumental do trabalho terapêutico, no qual se inclui a apreensão de uma atitude clínica fenomenológica existencial e dialógica. O terapeuta precisa desenvolver o aprendizado de fazer com o outro em vez de fazer pelo outro. Além disso, há o desenvolvimento da permissão para criar e correr riscos de fazer o que nunca se fez, não se viu ou ainda não se escutou, mas que faça sentido no momento da relação terapêutica.

A supervisão inclui, portanto, desde o compartilhar de técnicas e experiências prévias de atendimento até a compreensão do que é o experimento terapêutico e o desenvolvimento da habilidade de trabalhar com ele. Ideias sobre como abordar determinado tema com o cliente podem ser construídas juntas. Em geral, exceto em atendimentos com terapeutas iniciantes, a supervisão é mais profícua quando trabalha a relação entre figura e fundo, ou seja, quando o terapeuta supervisionado entende como o processo do cliente está composto e não se detém "na intervenção a ser feita".

Eventualmente, ao realizarem uma segunda formação clínica, por terem uma vasta experiência com clientes no consultório privado em uma atuação diversa, os terapeutas vivem uma experiência diferente dos demais porque normalmente se formam grupos de supervisão durante o processo em programas de formação em Gestalt-terapia. Como a supervisão é uma atividade realizada dentro do curso, em geral esses terapeutas sentem dificuldade quando a supervisão problematiza seu estilo anterior. Entram aqui os aspectos da identidade desse terapeuta, bem como problemas narcísicos, de rigidez ou de competição com o supervisor ou com os colegas. Muitas vezes, esse terapeuta se sente um pouco perdido antes de mudar seu *modus operandi*.

Psicólogo autônomo que procura supervisão movido por uma responsabilidade com seu trabalho e seus clientes

Esse psicólogo elege um supervisor com base em uma experiência anterior, ou porque ele já foi seu professor, ou porque já foi seu terapeuta, enfim, por uma razão ética, técnica ou indicação. Muitas vezes, trata-se de um Gestalt-terapeuta experiente ou com alguma expertise na área de interesse ou prática, como uma especialidade em sexualidade de casais, dependência química, psicose, terapia de família, e assim por diante.

Há algumas especificidades na área de supervisão. Por exemplo, quando um grupo de supervisão é constituído por psicólogos com formação clínica completa e com muitos anos de experiência, raramente a dificuldade é de ordem técnica ou de desconhecimento da teoria. Trata-se de uma questão concernente a processos de identificação ou ressonância emocional. São aspectos emocionais relacionados a temas familiares não elaborados, à matriz familiar, situações inacabadas, cristalizações, e etapa do ciclo vital que cria tensões com o trabalho com casais ou famílias, alguma circunstância atual de vida, valores culturais ou geracionais. Nesse patamar, o propósito do trabalho de supervisão é identificar e apontar os aspectos emocionais envolvidos para que o supervisando se descole emotivamente no trabalho e aprofunde os temas em sua própria terapia.

Em síntese, o psicólogo no início de carreira pode estar em busca de orientação e confirmação, o psicólogo com certa experiência pode alternar entre dúvidas metodológicas e aspectos emocionais, e o psicólogo com bastante experiência estará paralisado por impasses de sua história emocional. Todas as possibilidades podem estar presentes em qualquer dessas situações, pois, como afirma Hycner (1997), a ressonância é inevitável em algum momento da terapia; por isso, a terapia para o terapeuta auxilia a supervisão de seus casos clínicos por meio do desenvolvimento da *awareness* do profissional, possibilitando enxergar intervenções demasiadamente exageradas ou sem força terapêutica.

São múltiplos os desafios para o supervisor. Cada uma dessas etapas do desenvolvimento profissional do terapeuta exige precisão em termos metodológicos, mas, além da identificação dessas reações emocionais dos supervisandos, também é necessário que o supervisor atente para aquelas que poderão ser despertadas nele ou no grupo de supervisandos, o que definirá a escolha do foco e do papel do supervisor na intervenção.

Experiências de supervisão em cursos de especialização em Gestalt-terapia nas universidades

Nessa fase, alternam-se os níveis iniciais do aprendizado para se tornar terapeuta, os quais estão repletos de impasses emocionais e técnicos. O supervisor é estimulado a ser mais versátil e bastante hábil em termos de diagnóstico imediato, porque os serviços de psicologia aplicada das universidades e instituições formadoras, denominadas clínicas-escola, apresentam limites quando comparados com os de clínicas privadas ou de saúde pública, pois, em geral, não é permitido que casos mais graves sejam atendidos por alunos universitários, seja da graduação, seja da pós-graduação. Além disso, esses cursos universitários contam com uma carga horária menor do que um projeto de formação oferecido pelos institutos de Gestalt-terapia e sem a exigência de um trabalho emocional de terapia formativa e frequentemente com pouca supervisão formativa.

Uma experiência mais singular

A supervisão de psicoterapeutas que atuam no atendimento a formandos/terapeutas no processo de formação em Gestalt-terapia no CgT conta com uma equipe de terapeutas pertencentes ao programa de formação. Esses terapeutas, supervisionados em grupo, são psicoterapeutas mais experientes, que receberam treinamento como terapeutas formativos. Nesse caso, o foco está direcionado para os aspectos emocionais e o processo de evolução emocional relacionado, bem como ao aprendizado das ferramentas e do manejo do Gestalt-terapeuta.

A supervisão a supervisores

Nessa dimensão, o objetivo é o desenvolvimento do supervisionado e do supervisor desse terapeuta. O foco está no processo relacional e no quanto o supervisor está conseguindo, em sua relação de supervisor-supervisando, alternar os níveis de facilitador, professor, consultor e formador, favorecendo o desenvolvimento do terapeuta, bem como no quanto o apoia enquanto transmite princípios da sabedoria clínica sobre a arte, a ciência e a tecnologia da psicoterapia. Aqui, a cartilha dos supervisores é mais elaborada e sofisticada.

O supervisor será acompanhado em seu processo de apoio ou desenvolvimento do supervisando e receberá ajuda em seus pontos cegos ou dificuldades nos aspectos técnicos que podem não lhe ter ocorrido. Em uma equipe formativa, o coordenador do processo poderá fornecer informações sobre o processo grupal do formando supervisionado. Em outras situações mais gerais, o supervisor do supervisor age como um consultor, embora possam ser requisitados todos os demais papéis exigidos nessa função e que serão apresentados a seguir.

Do mesmo modo que se pode pensar nos diferentes patamares de evolução clínica de um psicoterapeuta, é possível elaborar uma classificação sobre os supervisores, sublinhar sua formação como tais, e seus estados emocionais e os riscos éticos, institucionais e emocionais. A complexa tarefa de ser supervisor diz respeito à clareza que ele tem sobre a diferença entre seu próprio papel como Gestalt-terapeuta e o de Gestalt-terapeuta-supervisor, sua postura diante do supervisando e seu grau de *awareness* sobre sua forma de supervisionar.

Terapeutas e supervisores devem ter uma visão do processo, um domínio de seu próprio campo somatoafetivo (Markel, 2016) e das vicissitudes necessárias do fazer supervisão, bem como compreender, sobretudo, as características de sua postura pedagógica ou formativa. O que é fundamental em todos os níveis de desenvolvimento profissional é a posição central do diagnóstico de qual é a necessidade da supervisão diante dos impasses terapêuticos.

A SINTAXE DE UM ENCONTRO DE SUPERVISÃO: O PROCESSO DE NOMEAR E MAPEAR FOCOS E PAPÉIS

Será examinada agora uma metodologia que utiliza o diagnóstico dos focos de intervenção adequados à necessidade do supervisando e discute os papéis relativos à prática do supervisor durante um processo fenomenológico ou não de supervisão com base na longa experiência clínica da autora, respaldada por uma obra que designa os vários focos e papéis desempenhados pelos supervisores, escrita por Williams (1995), e em leituras sobre supervisão.

Uma metodologia de supervisão é processual, dinâmica e fluida. Por essa razão, segundo Salomão (2017), é preciso eleger um foco e o papel do supervisor em um passo a passo. Williams (1995), autor da classificação em focos e papéis, define que

> [focos] rotulam uma atividade num ponto particular da supervisão. São eles: narrativa do terapeuta; atividade do terapeuta; processo da terapia; estado do supervisionado; processo da supervisão; experiência do supervisor.

O autor separa os focos em "sistema da terapia" e "sistema da supervisão". Ao colocar esses itens ao lado dos papéis do supervisor, Williams criou uma matriz de avaliação papel-foco, observada no Quadro 2.1, mais adiante. Desse modo, o supervisor consegue não ficar perdido na massa de informações verbais e não verbais que aparece no campo da supervisão.

Focos abordam a dinâmica possível do processo de supervisão, que engloba o sistema terapêutico e os sistemas presentes no campo (por exemplo, uma instituição). Williams construiu um quadro de referência para os focos e os papéis. Os focos tornam possível localizar o estágio de desenvolvimento do treinamento do psicoterapeuta a qualquer momento:

> [...] o supervisor que está ensinando a respeito do cliente e da dinâmica que apresenta caberia no primeiro quadro;

> o que ensina o terapeuta sobre como fazer suas intervenções com o cliente caberia no quadro seguinte, e assim por diante (1995, p. 137).

Em seguida é oferecida uma síntese sobre focos e papéis que servirá como base para a escolha do tipo de intervenção. A definição da autora deste capítulo se aproxima das referidas acima. Para conhecer mais o ponto de vista de Williams, recomenda-se a leitura de seu livro *Supervisão visual ativa.*

Focos

- **A narrativa do terapeuta:** quando e como ele organiza seu relato, falando sobre o cliente.
- **A atividade do terapeuta:** o que ele fez ou não fez como manejo na sessão.
- **O processo da terapia:** como está evoluindo o trabalho, como estão sendo desenvolvidos os temas dos clientes e como o terapeuta está se colocando no decorrer do tempo e das sessões; como está a dinâmica de fundo da relação terapêutica.
- **O estado do supervisionando:** quais aspectos de ressonância estão em jogo? Como e o que ele está trazendo para a supervisão? Aqui importa seu estado na relação terapêutica e na relação de supervisão.
- **O processo da supervisão:** os vários níveis da supervisão.
- **A experiência do supervisor:** o que experimenta o supervisor durante a supervisão? Não é tarefa simples abordar o estado de atenção flutuante acurada que um supervisor coloca em prática. Somos parte do todo. Seja pela teoria de campo de Kurt Lewin, seja segundo Hycner (1997) e sua relação dialógica, empreendemos a inclusão. *Aware* do fluxo da experiência, estamos na tensão da relação. Aqui então, tanto ou mais do que em qualquer outra atuação psicoterapêutica, o supervisor é seu próprio instrumento

de trabalho e não está isento dos impasses relacionais. A percepção desse estado contribui para o melhor aproveitamento da supervisão. O que o supervisor sente, experiencia, se recorda, imagina, se refere a distintos campos superpostos, a saber: sua própria história emocional e profissional posta em jogo na relação com o supervisionado, com o grupo e como ressonância da relação cliente/supervisionado/instituição.

- A interferência das histórias familiares, a presença de padrões fixos devidos à matriz familiar e o diagnóstico de padrões ou cristalizações das fronteiras de contato do supervisando, segundo as classificações do eneagrama (Salomão, 2020). A esses focos, Salomão, em trabalhos apresentados em congressos realizados na França e na Itália, acrescenta como relevante a especificação de duas importantes variáveis: a problematização do padrão de repetições do supervisando é primordial quando o percebemos com diferentes situações e clientes e na forma relacional apresentada na relação com o supervisor e/ou o grupo de supervisão.

Estamos com Drault (2016) quando ela nomeia como "visão do diálogo hermenêutico em supervisão" a busca de compreensão da relação figura-fundo para fornecer o apoio necessário:

> Compreender o fundo dinâmico da relação terapêutica/cliente, e para isso compreender a dinâmica experiencial do cliente e do terapeuta; tornar explícito o que está implícito; ampliar, suavizar a *awareness* da experiência do supervisionado com seu cliente, ativar seu "Auto--Testemunho" da situação; simplificar o processo terapêutico (2016, p. 82 [tradução da autora]).

Para um quadro completo das interações da supervisão, adotamos a nomeação dos distintos papéis exercidos pelo supervisor, porque dentro das categorias mais amplas, classificadas como supervisões didáticas, clínicas ou mistas, acontece uma alternância dinâmica de papéis que identificamos como mais específicos. O que fazemos em nossa prática de supervisão sistemática, em nossa instituição formadora, na universidade ou em supervisões pontuais solicitadas por terapeutas autônomos, é praticar um cruzamento entre focos e papéis.

Assim como uma sessão de psicoterapia contém uma sintaxe, empregando um conceito de Polster e Polster (2001) sobre as distintas fases que formam a sintaxe/processo da sessão, um episódio de supervisão obedece a essa sintaxe: início/aquecimento, no qual aparece o foco, o desenvolvimento do tema e as necessidades daquela supervisão, o impasse do terapeuta, que será a figura de orientação para os papéis a serem desempenhados, o experimento ou outras intervenções técnicas do supervisor, elaboração e finalização, como o aprendizado e/ou fechamento da *gestalt*. Durante esse processo, alternamos focos e papéis. Já expusemos os focos, agora podemos definir os papéis.

Professor

Conforme pensarmos nas dimensões evolutivas das supervisões, esse papel aparecerá com mais ou menos intensidade de acordo com o grau de capacitação e a experiência do supervisando. Trata-se de um papel mais frequentemente desempenhado em modelos de instrumentalização na graduação ou em formações e pós-formações e aparecerá quando houver uma lacuna de conhecimento teórico, clínico e técnico para atender a um determinado caso.

Embora a destreza do manejo clínico se desenvolva com o tempo e com o exercício da profissão de psicoterapeuta, nesse amplo papel um dos verbos da cartilha do supervisor é ensinar sem adestrar, pois o primeiro passo consiste no professor validar e reconhecer o trabalho realizado pelo supervisando. Como supervisores/professores, compartilham conhecimento teórico, remetem o atendimento à teoria, se utilizam de exemplos da prática e sugerem intervenções.

Como diz Williams:

> [...] chamam a atenção do supervisionando para a teoria na qual os dois estão trabalhando e o desafiam a apresentar os motivos para suas intervenções. Na qualidade de conselheiros e especialistas, demonstram ou descrevem técnicas interpessoais de tratamento ou intervenção que são específicas (1995, p. 59).

A sutileza, a perspicácia e o modelo pedagógico do supervisor/professor o ajudarão a identificar quando é pertinente compartilhar uma técnica ou tipo de intervenção relacional ou quando o papel de professor desloca-se para o de facilitador ou formador. Em algumas situações, temos um terapeuta com excelente manejo emocional e relacional, que compreendeu o tom do trabalho terapêutico, sustenta tensão, projeções, não coloca sua autoestima pessoal e profissional em jogo, compreende o tema proposto pelo cliente, mas, em função do tipo de treinamento recebido, não aprendeu a utilizar recursos que acentuam a experiência ou ajudam a trabalhar o impasse do cliente e seu próprio impasse, como realizar um experimento, como utilizar uma técnica facilitadora etc. E isso se aplica à psicoterapia individual, em grupo, de casal e de família.

Constatamos essa necessidade de ensino constante porque, por mais que uma formação ou especialização seja suficiente para abarcar o aprendizado mais amplo, com o passar do tempo vão surgindo situações e atendimentos de situações muito específicas e, então, o compartilhamento de textos e técnicas, bem como a acentuação das habilidades do supervisando, estimula a percepção do tipo de intervenção efetivada pelo terapeuta e seu efeito no ou nos clientes.

Outro aspecto presente em programas de formação consiste no estabelecimento de metas de evolução para os supervisandos. Recomenda-se que sejam combinadas ou sugeridas ao supervisando as etapas a serem desenvolvidas e definido o que se espera desse processo de supervisão: assimilação da atitude gestáltica, desenvolvimento da capacidade de perceber o processo do cliente, ser capaz de usar ferramentas, compreender o campo, e assim por diante.

Esse papel está em consonância com o de avaliador, o qual devemos desempenhar constantemente e, se houver a supervisão do supervisor, esse supervisor deverá refletir periodicamente sobre o processo de seu supervisando para avaliar o que foi desenvolvido em termos de autonomia, melhor discriminação entre sua emoção e a do cliente, emprego das ferramentas, bem como seu desempenho como supervisor, e assim por diante.

Evidentemente, os papéis se complementam e, a partir da avaliação, não nos é possível determinar o que enfatizar ou provocar como crescimento naquele processo de supervisão. Na cartilha do professor constam sua experiência clínica de longa duração, de preferência a disponibilidade para compartilhar seu conhecimento, a expertise, a ética, o conhecimento de normas e a capacidade de ensinar por meio da arte de ensinar a pescar e não dar o peixe. Ensinar também é problematizar, fazer pensar, refletir. Se o supervisor inclui a permissão ao supervisando de errar e aprender a partir do erro, ambos estarão mais inseridos na realidade. Em geral, os supervisandos não seguem literalmente as indicações dos supervisores.

Facilitador

Para os Gestalt-terapeutas, esse é um dos pontos centrais em grande parte das supervisões, e é desempenhando esse papel que se discute a complexidade emocional de estar em supervisão. A supervisão é considerada uma das bases do tripé formativo e de desenvolvimento do terapeuta. Estar em supervisão é mostrar vulnerabilidade, emoções despertadas pelo cliente, casal ou família, é ter maior ou menor *awareness* de como a emocionalidade do atendimento está funcionando e de seus impasses devido ao denominado "ponto cego".

Embora, a supervisão não seja uma psicoterapia pessoal, esse aspecto deve ser discutido no início do contrato de supervisão, pois trata-se de seres emocionais, com histórias de vida anteriores, e eventos psíquicos relevantes podem ocorrer naquele momento da supervisão. A decisão de revelar a um supervisor e a um grupo de supervisão aspectos íntimos é um ato de maturidade profissional, de coragem e de proteção e cuidado ao cliente e a si mesmo.

Eventualmente, a supervisão ocorre como um sistema de monitoramento para atendimentos em que o supervisionado não apresenta maiores demandas ou conflitos, e a sessão será sobre assuntos técnicos ou pragmáticos. O papel de facilitador é muito requisitado porque, em geral, os terapeutas trazem para a supervisão impasses em que sua organização emocional está no foco, seja por uma identificação mais clara, seja por aquela só percebida durante a sessão de supervisão. Além disso, a confirmação, outro papel específico do supervisor, é um subproduto do papel de facilitador.

Quando um terapeuta experiente, que domina a arte da terapia e a teoria e tem conhecimento sobre diagnósticos difíceis, procura uma supervisão, o papel de facilitador é imediatamente solicitado. Esse é um bom momento para indagações antes de se preparar para desempenhar o papel de facilitador: "No nível de desenvolvimento pessoal desse terapeuta e com outros clientes, ele seria capaz de manejar essa situação?"

Como salientado anteriormente, a supervisão é a terapêutica do terapeuta. Há tantos impasses terapêuticos que envolvem o manejo emocional do supervisando: sentir raiva do cliente, impotência para ajudar, estar perdido e confuso, paralisado na semelhança dos conflitos, assustado com riscos de autoextermínio, sentir-se desqualificado e intervenções sem força terapêutica. A lista das questões de ordem pessoal que suscitam impasses clínicos é grande e, a menos que adentremos pelo impasse em termos emocionais, nenhuma outra direção é escutada ou atendida. Segundo Williams,

> O supervisor almeja ajudar seus supervisionandos a expandir suas definições de si próprios, seja deslindando conflitos pessoais em determinado caso, seja desenvolvendo

> mais confiança profissional ou, ainda, trabalhando para desenvolvimento de suas carreiras. Os supervisores ajudam os treinandos a entenderem como sua história pessoal e como os sentimentos a ela associados afetam as sessões de terapia (1995, p. 80).

Nesse papel há uma fronteira entre ser supervisor e ser terapeuta do supervisionado. Esse limite não é tão sutil nem difícil de determinar. Quando o supervisor já ofereceu várias orientações e o supervisando não demonstra ter aproveitado, é necessária uma intervenção facilitadora, na qual podem ser usadas muitas técnicas, inclusive bonecos, desenhos ou matriz familiar, principalmente para identificar o ponto cego ou determinar a identificação do supervisando com seu cliente ou supervisor, e em seguida retomar o sistema supervisando-cliente ou supervisando-supervisor, uma vez a *awareness* e o contato estejam restabelecidos. Há sessões em que a dificuldade emocional é exposta com muita clareza, o que orienta o aprofundamento dessas questões para que se possa seguir outro rumo.

Consultor

No papel de consultor é estabelecido um nível hierárquico equivalente:

> Juntos, o supervisor e o supervisionando, geram dados sobre o "caso" e elaboram intervenções apropriadas. É típico que o consultor ofereça conceituações alternativas [...] (Williams, 1995, p. 102).

No papel de consultor, o supervisor procura desviar-se da perspectiva do supervisando e se posiciona com uma visão sistêmica.

Avaliador

A avaliação de um processo de supervisão deve ser mencionada e explicada no contrato da supervisão, em exposições didáticas e também no trabalho da supervisão autônoma. Estabelecer metas de desenvolvimento e reservar um momento para um *feedback* sobre o trabalho realizado auxilia a evolução do supervisando, sendo especialmente importante em situações acadêmicas em que de fato há uma atribuição de grau, como no estágio universitário.

A avaliação em supervisão funciona melhor quando construída no *entre*. As questões de relacionamento e as críticas às experiências de aprendizagem do treinando podem ser avaliadas pelos supervisores e supervisandos. "O supervisor e seu treinando forjam juntos as suas avaliações e assumem os confrontos mútuos que elas podem acarretar" (Williams, 1995, p. 122).

A esses papéis, sugeridos por Williams, foram acrescentados os papéis de formador e confirmador.

Formador

Esse papel domina e abrange o processo completo de supervisão. Ele integra os aspectos clínicos e didáticos, ou seja, abarca todos os demais papéis. Além de ensinar ou facilitar, é como formador que o supervisor inspira, instiga e direciona o terapeuta em treinamento na busca da sabedoria clínica esperada como um domínio do supervisor enquanto clínico, e que o terapeuta almeja alcançar. Segundo Williams (1995):

> "Sabedoria clínica" torna-se uma meta legítima em supervisão – apesar do longo prazo demandado – porque a própria terapia diz respeito a uma pragmática fundamental da vida humana que é o próprio território da sabedoria [...] Sabedoria clínica não é uma coisa que a pessoa tem, mas um estado ao qual ela aspira: é o que o supervisor espera que, finalmente, seus supervisionandos consigam alcançar [...].

O autor define os quatros critérios pertinentes à sabedoria clínica: "conhecimentos teóricos e técnicos, conhecimentos dos procedimentos, julgamento e perspicácia" (Williams, 1995).

Confirmador

Esse é um papel importante da supervisão, que tangencia os de avaliador, facilitador e consultor. Seu objetivo específico é validar e confirmar o bom desempenho e o desenvolvimento da terapêutica e do estilo do terapeuta.

Há um caráter de confirmação no sentido da relação dialógica, como que a confirmação autêntica e genuína, um reconhecimento por parte do *expert*. Cumpre uma importante função na apropriação das ações ou projetos terapêuticos empreendidos com propriedade. Em uma abordagem pessoa-pessoa, como na Gestalt-terapia, o supervisor coloca-se como uma pessoa e como o *expert*. A validação se dá na relação Eu-Tu e na relação Eu-Isso, tantos momentos utilizada durante a supervisão.

Como escolher a questão principal da supervisão?

A eleição e "quem elege" são o primeiro aspecto. Dentro de uma perspectiva de campo, o contexto elege. Acreditamos que, quando prestamos atenção com uma postura de pré-indiferença criativa, a necessidade emergente irá configurar o caminho a seguir. Pode ser uma dúvida do terapeuta, um mal-estar, um medo, algo que parece absurdo, uma percepção do supervisor, do grupo ou do supervisionado, algo que lhes chama a atenção.

Experiências vividas com curiosidade, interesse, estranhamento ou mal-estar físico e emocional são algumas das razões para a escolha do foco. Há outros fenômenos que o supervisor experimenta, como aceleração do ritmo do terapeuta em seu atendimento, lembranças de situações prévias de experiência clínica que ocorrem ao supervisor enquanto escuta o relato, a percepção de baixa energia durante a escuta do relato, distração, sentimentos e sensações que, quando compartilhadas, suscitam no supervisando o comentário de que isso acontece com ele ou com seu cliente, ou com ambos. É preciso estar atento para descobrir e definir a necessidade do terapeuta e as áreas a que se referem seus impasses – se teórica, técnica, emocional, suas situações pessoais ou impasse relacional.

Como vimos, o foco reside em falar sobre o processo do cliente, do casal ou da família. Às vezes, diz respeito à relação do terapeuta com o cliente, o que estão construindo juntos, o processo da terapia. Em outros momentos, a ênfase precisa recair na história e no histórico emocional do terapeuta enquanto suporte para o atendimento ou enquanto uma interferência paralisante. Em todas as figuras escolhidas estará sempre presente, formando o fundo experiencial que sustenta aquele contexto abordado e as ressonâncias do e no campo.

Ao se escolher um caminho de intervenção, estão em pauta a formação e o desenvolvimento "científico" ou emocional do terapeuta, seu campo de valores e a experiência do supervisor, que utilizará a sabedoria clínica para perceber, por exemplo, questões relativas ao ciclo vital familiar, do terapeuta ou da clientela, questões de diferenciação e autonomia, de modo a regular as fronteiras, só para dar alguns exemplos.

O supervisando traz sua necessidade. Até chegar a um contorno claro sobre o impasse do terapeuta, não é possível seguir em frente. O que acontecerá a partir do momento em que se configura a necessidade daquele caso compete à unidade que se fará entre ele, o supervisor, e, se for o caso, o grupo e a identificação dos focos e papéis.

Para auxiliar a compreensão desse cruzamento entre a etapa de desenvolvimento do terapeuta e as metodologias de supervisão, como uma espécie de bússola, emprega-se na supervisão a tabela de focos e papéis inspirados em Williams (1995) (Quadro 2.1). Foram acrescentadas células de intervenção, obtidas mediante observações da experiência da autora como supervisora em diferentes situações de supervisão, as quais se referem a uma construção da relação supervisor-supervisando, à inclusão do papel formativo e também ao impacto da dinâmica, do ciclo de vida e das histórias familiares do terapeuta em sua atuação como terapeuta individual e como terapeuta de casal, família e grupo.

Quadro 2.1
Instrumento de observação do sistema supervisor-supervisando

Foco no terapeuta, seus relatos, processos e na relação TP/Supervisor		**Observação da atuação do supervisor Papéis**					
		Professor	**Consultor terapêutico/ apoiador**	**Consultor**	**Avaliador**	**Formador**	**Confirmador**
Narrativa do terapeuta Foco: cliente	Minutos						
Atividade do terapeuta Foco: terapeuta							
Processo da terapia Foco: relação terapeuta-cliente							
Estado do supervisando Foco: supervisando							
Processo de supervisão Foco: relação supervisando--supervisor							
Experiência do supervisor Foco: sensações e sentimentos; experiência do supervisor							
Interface de questões relacionais familiares do cliente e do terapeuta Foco: tópico da organização familiar							

Fonte: adaptada de Williams (1995, p. 139).

Reflexões sobre atravessamentos sociais e familiares e a supervisão na atualidade

Para finalizar, pensemos a supervisão na contemporaneidade. Todos sabemos que o *self*, uma função da fronteira de contato, significa que somos construídos processualmente ao longo de nossa história relacional afetiva, de nossas relações familiares e sociais. Um marco de relevância no trabalho da Gestalt-terapia diz respeito aos aspectos sociológicos presentes na relação terapêutica, nas relações de supervisão e formação. Transitamos por novas tecnologias da existência que exigem uma reflexão constante. A psicoterapia e a supervisão *on-line*, por exemplo, e a coexistência de antigas e atuais organizações familiares, sociais e políticas constituem novas formas inventivas de ser e existir. Uma adolescente que relata preocupação com sua imagem porque uma amiga falou para outra ou em seu grupo de amigos sobre uma traição com o namorado de outra mulher adquire uma dimensão bem diferente de quando ela foi "criticada" através das mídias sociais e sofreu pelo Instagram a política do *cancelamento*. É uma ferida narcísica de mesma ordem?

Um supervisor é instigado a desenvolver uma prática que responda às exigências de uma clínica da atualidade, que desafie a ele mesmo e ao supervisando pelas distintas dificuldades no modo de atuar com a diversidade de contextos coexistentes. São temas da atualidade: as famílias polinucleares, o abuso de drogas, o aumento dos casos de depressão e autoextermínio e os desafios de uma sociedade em mutação veloz, com novos movimentos migratórios, ações antirracistas, feministas, LGTBQ+, que nos impõem uma visão mais abrangente do si mesmo e de seu entorno.

A complexidade de vivermos em uma globalidade polarizada, com privilégios e pobreza extremos, oferece um campo de atuação desafiante, pois os requisitos para supervisionar o trabalho clínico dirigido ao atendimento de famílias, comunidades, grupos de refugiados, ongs, trabalhos sociais em grupos e grupos terapêuticos apresentam especificidades.

Protocolos e orientações surgem para atendimentos de crises e casos de risco e de atendimento *on-line*. A supervisão é o espaço de compartilhamento e orientação para a angústia vivida quando surgem as dificuldades de manejo de ordem social ou de valores. Em nossa experiência de supervisão, percebemos uma redução exacerbada à condição psicológica, que alija do trabalho terapêutico todas as internalizações e contradições sociais que são reproduzidas dentro da família, através dos mitos familiares e dos projetos parentais.

Em um país com múltiplas subculturas e abismos sociais, é crucial que o Gestalt-terapeuta considere essenciais todas essas contradições. A enormidade de questões de cultura, gênero, etnias, orientação sexual e tantos valores geracionais, explícitos ou implícitos, introjetados constituem um desafio. Fazem diferença experiências sociais de humilhação, sentimento de ilegitimidade social ou não pertencimento a um círculo social.

A atuação cega do terapeuta/supervisando em torno das posições sociais ocupadas por seus clientes aponta para outro viés da supervisão: estamos diante de uma questão de cegueira sociológica. Como ferramenta, a supervisão auxilia o supervisando a olhar para suas perspectivas em relação aos valores e à visão de saúde e de mundo e a mirar a atmosfera clínica social. Nossa orientação é um trabalho de campo, com o campo e para o campo.

A discussão sobre os aspectos metodológicos e técnicos da supervisão e os manejos adequados da relação terapêutica em contextos mais amplos, como família, grupos e comunidades, fica para outra oportunidade. Espero que este capítulo tenha sido útil.

Referências

DRAULT, E. Le travail de production en supervision Les phénomènes trasnféro--transférentiels. In: DRAULT, E. et al. La supervision en Gestalt-thérapie du lien Institut de Gestalt-thérapie. Roubaix: Champg, 2016: 48-53.

GRAVOUIL, J.-F. Différencier supervision clinique et supervision didactique. In: DRAULT, E. et al. La relation d'apprentissage et le style du superviseur. Roubaix: Champg, 2016: 42-7.

HYCNER, R.; JACOBS, L. Relação e cura em Gestalt-terapia. São Paulo: Summus Editorial, 1997.

MAIRESSE, Y. Aider le supervisé à repérer et analyser les aspects sociologiques de la relation thérapeutique. In: DRAULT, E. et al. La supervision en Gestalt-thérapie du lien Institut de Gestalt-thérapie. Roubaix: Champg, 2016: 72-7.

MAIRESSE, Y. La relation d'apprentissage et le style du superviseur. In: DRAULT, E. et al. La supervision en Gestalt-thérapie du lien. Roubaix: Champg, 2016: 24-33.

MARKEL, S. L'explicitation des états somato-affectifs en supervision/La pierre angulaire de la problématisation. In: DRAULT, E. et al. La supervision en Gestalt-thérapie du lien. Roubaix: Champg, 2016: 164-5.

MENDES, E.R.P. Sobre a supervisão. Reverso, Belo Horizonte, dez, 2012; 34(64):49-55. Disponível em: http://pepsic.bvsalud.org/scielo.php?script=sci_arttext&pid=S0102-73952012000300007&lng=pt&nrm=iso. Acesso em: 08 fev. 2021.

POLSTER, E.; POLSTER, M. Gestalt-terapia integrada. São Paulo: Summus Editorial, 2001.

SALOMÃO, S. Art in supervision: working with professional impasses and family themes. In: Conference in Taormina 2016. The Aesthetic of The Otherness: meeting at the boundary in a desensitized world.

SALOMÃO, S. A arte em supervisão. In: XV Encontro Nacional de Gestalt-terapia e XII Congresso Brasileiro da Abordagem Gestáltica, 2016, Fortaleza, Ceará: "Gestalt-terapia em Trans-Forma-Ação? Ecos da Contemporaneidade Brasileira".

SALOMÃO, S. Research in supervision and its application in the development of psychotherapy. In: Conference in Paris 2017. Exploring Practice-based Research in Gestalt Therapy.

WILLIAMS, A. Supervisão visual ativa: foco, técnica e papéis. São Paulo: Summus, 2001.

JORGE, M.A.C. Supervisão: Aprender a aprender. Lacan e a supervisão psicanalítica. In: JORGE, M.A.C. (org.) Lacan e a formação do psicanalista. Rio de Janeiro: Contra Capa, 2006: 285-9.

YONTEF, G. Supervision from a Gestalt therapy perspective. British Gestalt Journal 1996; 5:92-102.

ZINKER, J.C. A busca da elegância em psicoterapia. São Paulo: Summus Editorial, 2001.

3

INTEGRAÇÃO E SUPERVISÃO:

Diálogo e Experimentação Terapêutica na Abordagem Gestáltica

Hugo Ramon Barbosa Oddone | Carlos Maurício Cordeiro Júnior

Coisa estranha essa profissão.
Cheia de sabores.
Cheia das possibilidades.
Cheia de possíveis disfarces.
Condenada à solidão pessoal pela
proximidade com a alma alheia.
Abençoada em alguns encontros...
E o que nos mantém nesse percurso?
Será a onipotência, a loucura, a teimosia?
A fé, acho...

(Jean Clark Juliano)

Os mapas são apenas instrumentos a serviço do caminhante, nunca poderão substituir o caminho. Mas não podemos negar a utilidade dos mapas: não é o instrumento o que determina a ação, esta é sempre função de quem o utiliza. Existem – como em toda profissão – terapeutas que se apegam aos mapas, especialmente aos mapas feitos por outros; também há os que não querem nenhum mapa, sem dar-se conta de que essa atitude é, também, um mapa. Todos, cedo ou tarde, acabamos confeccionando nossos próprios mapas, pois não podemos deixar de orientar-nos no mundo das experiências.

(Alejandro Spangenberg)

Em busca de um princípio norteador da supervisão, encontramos um ponto de origem: a Gestalt-terapia renunciou, desde o início, à ação unilateral – solitária, do ponto de vista da responsabilidade existencial – da análise do terapeuta, ainda que, conforme afirmou Jean Clark Juliano (1999) de modo poético, essa fosse, em essência, uma profissão condenada à solidão pessoal pela proximidade com a alma alheia. Essa tarefa de buscar sentido naquilo que acontece na terapia pretende-se que seja feita, nesta abordagem, conjuntamente entre o terapeuta e o paciente.

Destarte, a análise ou a interpretação do comportamento – ou mesmo do significado do acontecido, do vivido pelo paciente em seus relacionamentos – nunca gozou de grande prestígio na cosmovisão gestáltica. Assim, o foco de nossa atenção gira em torno da consciência vivencial, quando, no trabalho terapêutico, priorizamos, em primeiro lugar, "a valorização da realidade: temporal (ou seja, o presente *versus* passado ou futuro) e o substancial (ou seja, o ato *versus* símbolo)"; em segundo lugar, mas não menos relevante: "a valorização da tomada de consciência e a aceitação da experiência"; e em terceiro: "a valorização do todo, ou seja, a questão da responsabilidade existencial" (Naranjo, 1980).

Estamos aqui, Carlos Maurício e eu, a refletir sobre o que iremos escrever para tornar estas linhas um artigo "sobre" a supervisão e ao mesmo tempo, de certa forma, fazer jus à proposta dos Suassuna (os organizadores, Virgínia e Danilo) e, assim, colaborar para esta colcha de retalhos extremamente significativa, bem colorida, sobre o que experientes profissionais da Gestalt-terapia brasileira têm a dizer deste tema relevante vertido generosamente em três volumes. De início, começamos implicando com uma palavra, porque não é elegante, como diria Zinker (2001), abordar um assunto tão delicado falando "sobre". Nós dois interagimos descrevendo nosso sentir, nosso pensar e, sem dúvida, prioritariamente, nosso agir – eu, pessoa com 73 anos, com 47 anos de vivência gestáltica, e ele, Carlos Maurício, jovem e promissor profissional, que, a partir do estágio clínico sob supervisão do Prof. Me. Antônio de Queiroz Pereira Calças (instituição e professor pioneiros no estágio clínico na Gestalt-terapia da UNORP de São José do Rio Preto, São Paulo, desde os anos 1980), foi configurando um grande conhecimento da abordagem – nesta "entrevisão" a que nos propomos.

Com isso, nossa proposta neste pequeno ensaio em forma de relato de experiência é oferecer-lhe, caro leitor, a descrição de uma vivência terapêutica que foi constituída a partir do referencial gestáltico, reforçando a importância do diálogo em supervisão para a construção da melhor prática gestáltica possível que possa servir como instrumento de apoio ao ser humano em seu processo de desenvolvimento, construção e reconstrução do autoapoio e atualização das estruturas que adoecem ou revigoram o ser.

O MOMENTO DA BUSCA POR SUPERVISÃO – UMA DESCRIÇÃO DO FENÔMENO

Carlos Maurício se apresenta para a supervisão *on-line* – até então estranha para mim, já que, pela primeira vez, ocorreu via Google Meet – muito formal, utilizando na sessão seu "traje de domingo", como dizíamos antigamente, quando apresentamos ao nosso interlocutor nossa melhor imagem, impulsionados geralmente pela necessidade de sermos aceitos, como é descrito no quadro Processo Universal dos Grupos (Spangenberg, 2007, p. 168). Eu, como supervisor, sinto a estranha tensão de ter a sorte de perceber o que precisa ser percebido: a necessidade de conseguir auxiliá-lo da melhor forma possível nas oito sessões combinadas com o objetivo de abordar o caso e conseguirmos alinhavar nossas reflexões para escrever o artigo para este livro.

Spangenberg (2007) propõe um modelo circular para realizar o trabalho terapêutico e com o qual Carlos Maurício manifesta ajustar-se. Nessa proposta paradigmática da Gestalt-terapia, o autor compõe quatro unidades operativas e – já nos anos 1990 – resgata e inclui a temática da supervisão. Elas são: a *unidade de trabalho*, a *unidade de supervisão*, a *unidade do ciclo da energia* e a *unidade da iluminação do processo do aqui-e-agora*. Cada uma dessas unidades procura abranger a totalidade do trabalho clínico da Gestalt-terapia.

Utilizaremos a chamada *unidade de supervisão* – descrita e desenvolvida pelo autor citado – como guia de nosso caminhar neste artigo, em seus quatro aspectos: *identificação do ser-no-mundo do paciente*, *como e para que se sustenta*, *transferência* e *contratransferência*, e, por último, *estratégia*. Cada um desses pontos será desenvolvido no decorrer da apresentação do caso. Nesse primeiro contato entre supervisor e supervisionando, lidamos com alguns processos que podemos chamar de universais, que acontecem na Gestalt-terapia.

O relato de Carlos Maurício

Em determinado momento do processo terapêutico com a paciente em pauta, deparo-me com o seguinte conflito: reforçar a oferta de um ambiente acolhedor e, simultaneamente, continuar desafiando as estruturas rígidas do sistema *self* dela. Para tal realização, preciso da ajuda de alguém em quem confio e que possa me desafiar a testar meu conhecimento e minha capacidade de ser um bom profissional.

Por mais que eu me dedique à atualização constante de meu arsenal teórico e prático – como diria meu supervisor no estágio de Gestalt-terapia na formação de psicologia, Prof. Toninho: "Gestalt-terapeuta que não lê, não se torna bom profissional", e isso tenho gravado comigo como se fosse um mandamento – senti que era hora de ter um profissional experiente comigo nessa jornada. Percebo a supervisão como um pilar fundamental do sucesso clínico, mas que tive certa dificuldade em procurar inicialmente, em decorrência da sensação constante de "não ter dado conta sozinho do meu trabalho", o que hoje percebo como uma falha.

Entrei em contato com Hugo Ramón com certo receio, temeroso que sou de não ser aceito, de ter alguém apontando erros em minha forma de conduzir o trabalho, o que acabou se mostrando irreal –

entretanto, um dado transferencial que iria se mostrar fundamental para a compreensão da condução do processo terapêutico –, pois, desde o início, fui bem acolhido e, ao mesmo tempo, desafiado, em uma janela de tolerância equilibrada, que me fez estar à vontade para colocar minhas impressões e sentimentos decorrentes do caso enquanto terapeuta e enquanto ser humano.

O caso que será aqui relatado é um dos mais ricos de minha curta carreira, pois como você verá, caro leitor, envolve uma mulher que se sentia menina pela constante sensação de desproteção e desamparo que a acompanhava, o que a fez passar grande parte da vida com medo e com muitas dúvidas a respeito de si mesma, sem saber ao certo quem era ou o que fazia, sem delinear suas escolhas. Por conta de sua criação restrita, desenvolveu crenças limitantes em relação a si mesma e ao mundo, as quais a fizeram sofrer grande parte da vida.

Esse caso me comoveu muito, por se tratar de uma mulher que estava visivelmente fragilizada. Desse modo, fez-me questionar como eu, praticamente um garoto de 27 anos, conseguiria ajudá-la nesse processo. Foi – talvez – o maior e melhor desafio clínico que já vivenciei. Na verdade, cremos que podemos juntos, paciente, terapeuta e supervisor, dizer que o desafio e a vitória ocorreram para todos.

Para tal, dando continuidade à descrição do caso, será apresentada a história de J.: cliente, sexo feminino, 38 anos de idade, sendo aqui chamada de J. com o objetivo de preservar sua identidade. Por ser um evento didático, vamos relacioná-lo com conceitos gestálticos que nos darão a noção do diagnóstico processual.

J. procurou a psicoterapia com a demanda figural de "não se reconhecer". Para contextualizar o caso, faremos um passeio histórico sobre as condições de campo de seu passado que vêm se configurando como sofrimento até o momento presente.

A cliente, desde seu nascimento, morou na área rural de seu município, onde relata ter sido muito feliz, ao mesmo tempo que não tinha muitos amigos; por isso, costumava passar grande parte de seu dia no manejo com os animais da propriedade, que foram seus primeiros confidentes. Por se tratar de uma propriedade afastada, não tinha muitos contatos sociais. Já que aquela era sua realidade desde sempre, não sentia falta de ter gente por perto – segundo ela, era "bicho do sítio" (*sic*).

As dificuldades começaram quando, aos 10 anos de idade, mudou-se para a cidade com sua família. Aquele novo mundo era hostil e repleto de pessoas com as quais não estava acostumada a lidar nem contatar. Na época, já frequentava a escola havia alguns anos, enfrentava dificuldades com outros alunos, sofria *bullying* e era tratada como a "menina do sítio", inocente e que não sabia muita coisa da vida.

A família, de origem humilde, com altas cargas de sofrimento transgeracionais, não proporcionou momentos ou espaços de acolhimento desses sentimentos, talvez porque também estava se adaptando à nova situação. A cliente acabou adquirindo um baixo senso de *self*, o que a levou a ter grande insegurança, pouca noção de quem era, do que queria, dificuldades em se revelar, se impor, e a absorção de crenças disfuncionais que dificultaram e dificultam o pleno contato com o mundo.

Apresento para meu supervisor uma primeira tentativa de diagnóstico – seguindo a teoria de campo (Ribeiro, 2007) – na qual entendo que o campo é unificado, composto pelo indivíduo, pelo ambiente e pela forma como se relacionam entre si, atribuindo formas de lidar com o mundo de acordo com os campos específicos em que estamos inseridos, onde posso perceber que uma parte do sistema maior foi modificada, afetando o todo. Nesse sentido, considerando o desenvolvimento relativo do *self*, a partir da formação da fronteira de contato, entendo que minha cliente não desenvolveu uma imagem saudável de si mesma, apresentando uma disfunção da função personalidade do *self* (Perls, Goodman & Hefferline, 1997). Em outras palavras, uma carga introjetada, que, na tentativa de promover a sobrevivência e impedir o contato com um mundo cruel para ela, acaba por desenvolver um sistema de crenças disfuncionais sobre ela e sobre o entorno.

Aos 19 anos, fez seu primeiro processo psicoterapêutico. Namorava um rapaz do qual gostava muito, tinha desejos sexuais que eram sempre confrontados com introjeções sobre o sexo recebidas dentro de casa. Incutiram-lhe o sexo como uma coisa suja, errada, pecaminosa, que deveria ser evitada, e ao mesmo tempo percebia que seu desejo pelo namorado crescia cada vez mais, concomitantemente a uma tristeza muito profunda. Sentia que estava pecando e que estava traindo a confiança da mãe. A relação sexual acabou acontecendo, e ela associa isso ao aumento da tristeza. Embora tivesse desejado, não havia a possibilidade de falar com a mãe sobre o assunto, pois isso seria terrível para J., e ela logo, mais uma vez, "engole" os sentimentos para conseguir se ajustar. Nesse primeiro processo psicoterapêutico, consegue lidar de forma suficientemente boa com sua culpa, buscando a apropriação de seu "eu-mulher", que tinha desejos, fantasias, ambições, que queria amar e ser amada, sem se sentir culpada por isso.

Logo mais, conhece seu atual companheiro, que, nos relatos dela, seria seu "príncipe no cavalo branco", a pessoa com quem sonhou se casar, um homem compreensivo, carinhoso, que lhe oferece suporte emocional. A dificuldade atual se iniciou, após o casamento, pelo desejo manifesto do marido de ser pai. Na mente de J., a seguinte dificuldade se apresentava: "Como gerar uma vida se ainda me sinto uma menina, medrosa, culpada, sem consciência de meus recursos, com dificuldade de expressar o que sinto e me permitir ser cuidada?"

Nessa parte de sua vida, ela entra no segundo processo de psicoterapia, dessa vez na abordagem e manejo da Gestalt-terapia. Como já citamos, a queixa explícita de J. é a de "não se reconhecer", não se sentir uma pessoa, uma mulher de verdade. No aspecto corporal, demonstrava rigidez e dificuldade em usar o espaço da poltrona, e pouco depois descreve a si mesma como uma pessoa temerosa, precisando se esconder daquele homem desconhecido (o terapeuta) que certamente iria tocar em assuntos delicados e em questões íntimas que ela passou a vida evitando.

Uma questão chamava a atenção: J. sempre levava uma bolsa de couro preta, que deixava em seu colo, na qual se agarrava como se esse objeto servisse ao propósito de ser um escudo impenetrável, uma proteção contra o contato, encarnado no aqui e agora. Demonstrava desconfiança, encenada na evitação do olhar direto; era temerosa nas palavras.

Na tentativa de promover uma conscientização desse "não reconhecimento de si própria", considerado um sintoma explícito, começamos um trabalho voltado para a percepção de sensações, compreensão do sistema *self* que ficava em evidência no relacionamento terapêutico, compreendendo os padrões de contato ou evitação do contato que permeavam sua vida e seus relacionamentos.

Algumas questões começaram a se apresentar no desdobramento do processo, como a dificuldade de se sentir relaxada sexualmente na relação com o marido, a dificuldade de expressar sentimentos, a constante sensação de desamparo. Sempre fazia uma analogia ao falar sobre como se sentia em relação ao mundo: "uma menina medrosa e desamparada."

Havia uma ansiedade muito marcante em relação à maternidade. O marido manifestava muita vontade de ter um filho, assim como ela, mas que sempre me dizia: "Como uma mulher que se sente menina pode gerar uma vida? O que tenho a oferecer de diferente do sofrimento que me foi oferecido? Tenho medo."

Identificação do ser-no-mundo da paciente

Trabalhamos algumas "figuras" no processo gestáltico da história de emancipação e da construção da nova mulher que iremos apresentar, procurando os itens fundamentais nesse caminhar para assim compreender a identificação do ser-no-mundo dessa cliente.

Carlos Maurício observava com atenção a postura corporal e gestual durante as sessões presenciais: ela parecia tentar esconder sua fragilidade ou mesmo testar o ambiente em que estava confiando sua história. Tinha uma postura rígida, respirava rápido e fazia o possível para não manter contato visual.

Constatamos, na fenomenologia corporal da cliente, uma tendência a se fechar quando questionada sobre suas formas de se expressar, isto é, de evitar o contato com o terapeuta. Carregava uma enorme bolsa que fazia questão de deixar sobre o colo – talvez para que pudesse se sentir mais segura –, sinalizando um conforto que evitava e prorrogava o contato com o terapeuta, uma figura que possivelmente descobriria sua fragilidade.

A história pessoal da cliente nos apresenta alguns pontos característicos: a menina do sítio *versus* a mulher que busca emancipação na cidade; a vontade e o medo de ser mãe; a tendência de se culpar pelo sofrimento e a dificuldade de expressar sentimentos; a presentificação do passado. Além disso, verificamos também os tipos e a qualidade dos vínculos mais significativos na vida da cliente, que identificamos nos seguintes aspectos de sua história pessoal. Por um lado observamos a dificuldade de relacionamento com os pais – a mãe é uma pessoa sensível e emocionalmente dependente que, na visão da cliente, não conseguia lhe proporcionar a sensação de segurança, por toda a vida desejada; o pai é uma pessoa de poucas palavras que, em função de uma infância difícil, sem muito diálogo, sem estudo, mas com muito trabalho, não consegue se aproximar das filhas. Por outro, o marido é uma figura que fornece uma sensação de segurança e apoio, que para ela são fundamentais.

O contato familiar é constante em função da criação de cavalos na propriedade da família na zona rural, a qual é frequentada pela cliente durante todos os domingos possíveis. É o lugar onde "me encontro comigo mesma, é o meu templo de paz" (*sic*), confessa J.

Em relação aos aspectos existenciais e aos conflitos que consideramos universais quanto à idade, em especial à díade idade/maternidade, a cliente demonstra uma grande preocupação. Apesar da vontade de ser mãe, principalmente depois do nascimento do sobrinho, filho da irmã caçula, a maternidade se apresenta como algo temido, pois ela tem enorme receio de transmitir os mesmos sofrimentos que sempre verbaliza nas sessões.

J. estava havia 13 anos em um emprego no qual não se sentia feliz, pois passava o dia todo em pé e, além disso, não recebia nenhum reconhecimento por seu esforço. Simultaneamente, sentia uma vontade enorme de empreender na área de essências e fragrâncias para casa (tais como aromatizantes, velas perfumadas etc.), mas não tinha a coragem necessária em virtude da insegurança por se perceber como uma "menina em corpo de mulher", e repetidamente fazia menções à dificuldade de fazer escolhas, de lidar com o desconforto e de abandonar as estratégias anacrônicas diante do sofrimento. Ela demonstrava padrões fixos e repetitivos de acessar seus sentimentos, afinal evitava se expressar em decorrência da crença de que não tinha ninguém para ouvi-la ou consolá-la, pois se sentia sozinha.

Por fim, de certa forma desafiando nossa visão tradicionalmente racionalista, recorremos aos autores Spangenberg (2007) e Ribeiro (2009), que nos ofereceram subsídios importantes para ampliar nossa cosmovisão, contribuições que podemos nomear de aspectos transpessoais e que nos auxiliaram no contato e na compreensão dos processos inconscientes.

Carlos Maurício relata que a forma como a paciente entra em contato com o mundo se constitui como o ponto de partida da descrição, já que essa forma se mantém inalterada no decorrer da terapia. Uma estrutura fechada e superprotegida de contatá-lo como terapeuta (e aparentemente como homem): "sempre insegura e desconfiada."

Essa sensação nos leva a pensar que ela se sentia em um ambiente estranho e desafiador e que de certo modo repete a história da mudança do lugar original de moradia no interior rural para a cidade de médio porte, onde leva anos para se adaptar, pouco acreditando que no entorno teria alguém para acolhê-la.

Questionado, na supervisão, como se sente perante uma pessoa que parece carregar uma couraça muscular e gestual – uma mulher encouraçada – Carlos Maurício confessa que, apesar do constrangimento da cliente, sua reação natural inicialmente foi de acolhimento, mantendo a decisão de avançar com calma, procurando ajustar-se ao tempo dela. O terapeuta relata experiências no trabalho, no namoro e no casamento de já ter vivenciado a necessidade de ajustamentos criativos para lidar com sentimentos de compaixão e acolhimento em relação a relatos de abusos diversos (Carlos Maurício também trabalha no serviço público de assistência social do município onde reside, e esses tipos de ocorrência se apresentam com certa frequência).

Como e para que se sustenta

Como (ou mesmo "para que") se sustenta esse ser-no-mundo da cliente? Referimo-nos aqui aos mecanismos utilizados para definir sua organização e às interrupções no *ciclo da energia*. A organização do campo experiencial do cliente está condicionada – como vimos antes – pela matriz, o mapa ou a *gestalt*-fixa (Spangenberg, 2007; Ribeiro, 2007). Nas últimas décadas, testemunhamos uma mudança ampla e profunda da Gestalt-terapia, tanto no desenvolvimento teórico como nas práticas, em todos os campos de aplicação da psicologia, principalmente nas instituições que se multiplicam pelo Brasil e pelo mundo afora para a formação dos novos psicoterapeutas e, mais especificamente, no trabalho de supervisão da prática clínica, onde o aprendizado da Gestalt-terapia, classicamente transmitido na formatação "mestre-aprendiz", passou para esquemas de profissionalização, com intensa interação grupal nas clínicas-escolas entre alunos e vários professores de matérias teóricas e o professor-supervisor das práticas de estágio supervisionadas.

A cliente define – estranha e paradoxalmente – para o terapeuta que a mudança do sítio para a cidade configurou-se como uma degradação de sua qualidade de vida. Entretanto, Carlos Maurício descobre aspectos similares e repetitivos nesse sentimento, uma vez que parece já ter havido desamparo antes de se mudar para a cidade.

Ela relata, de forma temerosa e amedrontada, que, quando tinha 8 anos, o ônibus a deixava no local costumeiro ao voltar da escola, onde a família teria de buscá-la. Por conta da idade, da distância e de possíveis perigos, como bois soltos, pessoas mal-intencionadas etc., e porque frequentemente ninguém ia buscá-la, vivencia uma e outra vez a situação de solidão e desamparo. O terapeuta entende que essa viagem do sítio para a cidade configurou-se como uma mudança qualitativa na vida da cliente, bem como para toda a família.

De algum modo, a paciente manteve por muito tempo formas de continuar infeliz, vendo o mundo de uma maneira rígida, considerando que não existiam muitas pessoas nas quais confiar, principalmente em razão das constantes sensações de desamparo que a acompanharam na infância. Costumava relatar, nas sessões, que sempre se sentiu sozinha, uma vez que não podia contar com muita gente e que não tinha o apoio das figuras mais próximas.

Com tudo isso, constatamos que a terapia – e a supervisão enquanto investigação fenomenológica – apresenta um viés axiológico ou valorativo que buscamos desvendar e iluminar para procurarmos os sentidos éticos de cada etapa da vida da paciente e do próprio trabalho terapêutico. Dessa forma, enquanto trocamos dados, fomos nos deparando com valores pessoais e profissionais que aprendemos uns com os outros, inicialmente de maneira aleatória e depois sistematicamente.

Essas considerações parecem responder a questão "para que" dos comportamentos repetitivos da paciente. Coincidentemente, Carlos Maurício e eu, supervisor, tivemos experiências similares às da cliente, vivemos a infância e a adolescência na zona rural e depois migramos para a existência citadina.

MAIS IMPORTANTE QUE ANALISAR É INTEGRAR

Perls (1977) troca o aforismo freudiano "o sonho é a via régia ao inconsciente" pela afirmação "o sonho é o caminho real para a integração", conferindo ao sonho *status* mediador das polaridades em busca da totalidade pela via da integração. Destarte, a conscientização constante de diversas polaridades que se manifestam na história da cliente e no trabalho do terapeuta só encontra sentido quando há uma solução de integração.

Cláudio Naranjo (2013) teoriza sobre algumas fragilidades da abordagem, principalmente sobre as famosas e vilipendiadas técnicas da Gestalt-terapia, carro-chefe da abordagem, nos anos 1970, apresentando uma teoria das técnicas e da experiência nos trabalhos gestálticos, aportes válidos até a atualidade. O autor teoriza sobre um primeiro conjunto de técnicas (as nomeia de supressivas) que têm por finalidade a conscientização do movimento evitativo do cliente ao contato com a realidade e a conseguinte supressão ou frustração desses caminhos de fuga. Assim, quando o cliente apresenta a necessidade de fugir desse contato compreendido projetivamente como perigoso, o terapeuta gestáltico precisa desenvolver um senso apurado dessa situação e a capacidade de frustrar essa tendência de fuga, favorecendo a possibilidade de contatá-la e, se necessário, enfrentá-la. Posteriormente, quando o cliente finalmente desiste dessa tendência de fugir ao contato – e quando decide contatar a si mesmo e seu entorno, em especial nas relações interpessoais – reverbera uma miríade de possibilidades, as quais podem ser transformadas em experimentos e, consequentemente, em técnicas – com a finalidade de facilitação da apropriação e expressão dos sentimentos, assim como de pensamentos e ações, em particular aqueles que direcionam as pessoas para os ajustamentos criativos, até então bloqueados por si ou pela cultura familiar ou social, o que permite ao cliente expressar-se e ocupar diferentes espaços no meio sociofamiliar.

Por fim, Naranjo (2013) nos reapresenta – provavelmente um dos conceitos mais ricos da abordagem – à integração das polaridades como a principal função do organismo para se reconfigurar e manter-se coeso e unitário. O cliente, geralmente, uma vez superada a atitude de fuga ao contato, aprendendo a contatar e a se expressar com sentimentos, pensamentos e ações, chega, enfim, ao ponto do processo de reconhecer as polaridades identitárias que cindem sua existência em identificações assumidas e/ou alienadas, ou seja, uma identidade com a qual se identifica e a partir da qual se apresenta; e, por fim, uma outra identidade, aparentemente desconhecida, que o cliente nos apresenta como uma "sombra", isto é, uma identidade alienada.

Concordando, Carlos Maurício e eu, com Naranjo (2013) em valorizar essa integração de polaridades, aspectos e partes de si mesmo, acreditamos na necessidade de completar esse longo processo de conhecimento de si e do contexto, assim como a reconfiguração e atualização do si-mesmo. A propósito, Carlos Maurício traz alguns dados da cliente que reforçam essa questão de aspectos cindidos da personalidade, inicialmente deslocados ou francamente conflitantes, como a imagem que ela mesma descreve sobre como se sentia antes da terapia, quando morava na zona rural, e a mulher pós-terapia, na cidade.

Uma figura que parece destoar no contexto do *setting* terapêutico é a bolsa no colo, que a cliente apresenta desde o início do processo; uma bolsa que parece significar muitas coisas, entre elas um escudo, uma couraça, uma extensão do próprio corpo, que mantinha consigo de uma forma que chamava a atenção. Aferrava-se àquela bolsa como se sua vida e segurança dependessem disso, como se aquele objeto fosse um escudo impenetrável, uma proteção ao contato, encarnado nesse momento da terapia, demonstrando desconfiança, encenada na evitação do olhar direto e no uso temeroso de suas palavras.

Carlos Maurício argumenta que algumas sensações surgem enquanto terapeuta, quando costumava sentir uma necessidade de ir com calma, um cuidado maior do que costuma sentir habitualmente com outros clientes, respeitando o espaço-tempo de J. para que pudesse adquirir a confiança necessária para soltar-se e permitir-se fazer um contato pleno. Ela parecia estar "desconfigurada", perdida em suas possibilidades.

Nesse momento especial da supervisão, deparamo-nos com a temática da transferência. Perante essa postura polarizada, dividida, que a cliente apresenta, Carlos identifica-se projetivamente com sensações, ideias e sentimentos de inadequação, gerando para si a necessidade de compreender essa postura. Algumas questões chegam a galope. É um comportamento natural de todo terapeuta jovem em início de carreira? É uma *gestalt*-aberta ou questão não resolvida que nada tem a ver com o processo de tornar-se terapeuta? Carlos Maurício e eu buscamos a essência da relevância dessa supervisão, debatendo essas questões. Ele, consequentemente, abandona o medo de agir e a atitude perfeccionista que pautava suas ações e de certa forma o paralisava, assumindo assim, com firmeza, a condução da terapia dessa pessoa e, simultaneamente, permite-se esse salto qualitativo que é escrever em coautoria o presente artigo.

Dessa maneira, na tentativa de promover uma conscientização desse "não reconhecimento de si própria" da cliente em estudo, considerado um sintoma explícito, foca-se no trabalho voltado para a percepção de sensações, compreensão do sistema *self* que ficava em evidência no relacionamento terapêutico, compreendendo os padrões de contato ou evitação do contato que permeavam sua vida e seus relacionamentos.

Havia uma ansiedade muito marcante da cliente em relação à maternidade. O marido demonstrava muita vontade de ter um filho, assim como ela, mas que sempre se questionava: "Como uma mulher que se sente menina pode gerar uma vida? O que tenho a oferecer de diferente do sofrimento que me foi oferecido? Tenho medo."

Entretanto, a cliente estava reagindo ao meio que a ameaçava ou ao terapeuta? Ela concordou em trabalhar a forma de conscientizar esse contato com o ambiente. Assim, em uma das sessões foi abordada a possibilidade de J. experimentar ficar sem a bolsa no colo na tentativa de compreender se aquela era realmente sua proteção, se conseguiria ficar em uma janela de emergência segura, um nível suficientemente bom de equilíbrio entre conforto e desafio, o que foi prontamente negado, indicando que não se sentia autoapoiada o suficiente para tal façanha.

Trabalhamos na descrição fenomenológica das questões que envolviam aquela bolsa, pois ela a segurava nas sessões como se estivesse usando um escudo impenetrável, e cada vez que era descrita a forma de estar ali presente, ela parecia se voltar mais para a bolsa, relatando o quão difícil era estar cara a cara com o terapeuta sem a bolsa a lhe proteger, sem nenhum anteparo, expondo-se totalmente.

Chamou-nos a atenção observar a necessidade e a expectativa que a cliente demonstrava de ser constantemente defendida por alguém. Além disso, é relevante pontuar a forma como ela se percebe no mundo, isto é, sempre no papel de menina desamparada. Ela sentia e acreditava que não conseguia se defender sem o "príncipe do cavalo branco" (apelido carinhoso que usava para se referir ao marido).

Assim, havia uma tendência para retrofletir o contato, culpando-se por ser vergonhosa, por ter dificuldade em expor os sentimentos de forma congruente, expor seus desejos e tomar decisões importantes na vida.

Transferência e contratransferência

A partir da perspectiva que a teoria do campo de K. Lewin oferece à Gestalt-terapia, baseada nas teorizações desenvolvidas pelo Instituto de Gestalt-terapia de Cleveland (EUA), Spangenberg (2007) resgata os processos transferenciais e os define como:

> [...] a capacidade de reconfigurar o passado no presente, dentro de um determinado campo, numa determinada relação, durante um processo vincular, que ocorre no tempo e no espaço (p. 100).

Dessa maneira, compreendemos que o cliente não repete o passado. O que o cliente repete é a forma como organizou o campo a partir da situação traumática. Assim, repete-se a tendência de se orientar, no campo que conhece, na maneira particular de organização que fez da experiência, selecionando certos elementos e deixando de lado outros. Há nisso uma valorização subjetiva do campo presente que, obviamente, imita a experiência passada. Há um lugar específico onde acontece e se localiza o encontro: é o *campo geográfico*. Já a qualidade inerente e combinada do espaço físico e social, no qual estamos contidos, em certo momento, é o *campo socioambiental*. Outro elemento importante é o espaço onde acontecem a qualidade e a consistência de uma relação, que possibilita a exploração dessa dimensão da experiência humana, que é o *campo psíquico-emocional*. Finalmente, há o espaço no qual nos encontramos com os aspectos sagrados e transpessoais da existência humana que, acredite-se ou não, estão aí postos: o *campo sacro-transcendental* (Spangenberg, 2007).

Nesse sentido, acreditamos que essa cliente transfere para sua nova vida na cidade a forma com que organizou o campo a partir da situação traumática, principalmente todas aquelas sensações de solidão e abandono. Assim, repete-se a tendência de orientar-se, no campo que conhece, na maneira particular de organização que ela fez de sua experiência rural, selecionando comportamentos geralmente de autocomiseração e passividade e deixando de lado outros elementos de autorrealização ainda pouco valorizados nessa nova paisagem.

Estratégia

A emancipação feminina, a relação identitária entre o "ser menina" e o "ser mãe", a atualização da relação cultura rural/cultura urbana, a romantização da relação homem-mulher e o reforço profissional como meio de amadurecimento pessoal são algumas temáticas que surgem como figuras estratégicas para ser trabalhadas pelo terapeuta nas sessões, assim como para debater na supervisão.

No decorrer das sessões quinzenais, concentramo-nos nas estratégias elaboradas a partir de um diagnóstico processual que contemplava as queixas e potenciais. Tomamos consciência da forma como a cliente cria sua realidade. Assim, ela consegue desenvolver formas de descrever o que sente e aceitar sua história, respeitando seus pensamentos, sentimentos, escolhas, vontades, e compreendendo as limitações que lhe haviam sido impostas por formas rígidas de pensar e responder ao mundo.

Prosseguimos com relatos de Carlos Maurício sobre algumas sessões nas quais foram trabalhados o desenvolvimento e a atualização de formas mais saudáveis de ver a si mesma e de lidar com os sentimentos da cliente.

Em uma das sessões, Carlos Maurício considera particularmente importante o fato de a cliente chegar maquiada, de salto alto, com a postura de uma pessoa demonstrando plena confiança de si. Utilizando o método fenomenológico para que pudesse descrever a maneira como estava se comportando, com o intuito de descobrir sua possibilidade de restabelecer a confiança em si, sugere retirar a bolsa do colo, colocá-la de lado e contatar o entorno sem a bolsa.

Trabalhamos as descrições das sensações físicas que acompanhavam aquela postura confiante, quando consegue verbalizar as mais diversas sensações, como se tivesse acabado de desbravar o contato, parecendo estar sendo ela mesma, e não a mulher que se sentia menina, que não sabia quem era. Assim, a cliente descreveu estar se sentindo confiante e ao mesmo tempo envergonhada. No entanto, ela conseguiu expressar que estava se assumindo para si mesma e para o terapeuta. Foi, portanto, uma sessão marcante, inesquecível.

Para trabalhar o autoapoio, J. foi encorajada a questionar, a refletir sobre suas opiniões, a verbalizar seus sentimentos em relação ao marido, aos pais, principalmente em relação à mãe, que é uma figura controversa em sua vida, pela qual mantém sentimentos ambíguos de carinho e mágoa, principalmente pelas crenças que foram impostas sobre o afeto, o sexo, sobre o relacionamento, que dificultam a obtenção de qualquer prazer na relação com o marido.

De maneira acanhada, a cliente expõe a necessidade de falar sobre questões sexuais, verbalizando sua dificuldade em ver o sexo como uma coisa agradável. Ao longo de sua criação, aprendeu que fazer sexo era "coisa de menina puta". O contato sexual era rígido, com muita vergonha de se soltar, de assumir o desejo, a feminilidade. Descreve que quando percebia seu desejo sexual aumentando tentava se distrair para, se possível, deixá-lo de lado. Havia uma tendência de suprimir desejos e vontades, inclusive seus momentos de raiva, quando questionada sobre a possibilidade de ser mãe. Através da formação de suas crenças limitantes, impediu a escolha criativa e inovadora das formas de ser e estar no relacionamento com o outro, adquirindo formas rígidas de reação a seus desejos e sofrimentos.

No processo diagnóstico, no qual eram constantemente revisadas as questões de interesse para o tratamento, elaboramos juntos quais seriam as primeiras tentativas de resolução ou de atualização das reações diante desses conflitos recorrentes. O caminho começou a ser percorrido quando ela percebeu a responsabilidade na manutenção dessas crenças disfuncionais e causadoras de bloqueios significativos, a consciência sobre o próprio funcionamento estava aflorada – um caminho sem volta.

Em uma das sessões, a cliente relatou que no ambiente de trabalho havia acontecido uma situação constrangedora, porém experienciada como extremamente libertadora. J. é auxiliar de produção em uma fábrica e trabalha rodeada de pessoas que, segundo ela, tornam o ambiente de trabalho estressante em decorrência de comunicações e conversas paralelas. Em um dia comum de trabalho, J. relatou ter ouvido seu nome em uma roda de conversa, o que a deixou prontamente angustiada, envergonhada, precisando urgentemente de alguém que a protegesse.

Nesse dia, segundo ela, lembrou-se de nossas intervenções sobre a forma como guardava seus sentimentos, sobre sua forma de esperar proteção, e se responsabilizou por entrar em contato com uma maneira atualizada e inovadora de ser uma mulher adulta, capaz de lidar com seus problemas, conseguindo assim escolher o momento de proteger a si mesma. Tomou consciência de seus sentimentos e mobilizou energia para agir, em vez de voltar essa energia para si mesma em forma de culpa e autodepreciação.

A partir disso, tomou a decisão de conversar com as pessoas que falaram dela e, de forma equilibrada, verbalizou que não havia ficado contente com tal comportamento e que esperava que aquilo fosse imediatamente interrompido. Pela primeira vez na vida, sentiu que se reconhecia no contato com o outro e descobriu quem era: uma mulher adulta e capaz de lidar com as "pedras em seus sapatos".

É exatamente assim que essas *gestalten* fixas, situações que ocorreram em um contexto específico, se constituíram em formas rígidas de se perceber e se transformaram em sofrimento. Entretanto, J. compreende esse processo como "pedras no sapato" e consegue, com sua capacidade de tomar consciência e mobilizar recursos, removê-las uma a uma.

Hoje, depois de muito tempo, J. consegue sentir-se bem consigo mesma, ser feliz, fazer escolhas, lidar com o mundo e adotar uma forma de reação suficientemente boa para entrar em contato com quaisquer situações, sempre considerando sua consciência. Além disso, conseguiu pensar em ser mãe! Quem diria!

Reflexões sobre o processo de J.

Na Gestalt-terapia, contribuímos com nossos clientes na medida em que buscamos a consciência não só como método, mas também como objetivo final. O Gestalt-terapeuta precisa trabalhar o ser humano como um todo, usando todo seu arsenal teórico e prático em um constante equilíbrio no convite à experimentação prática de um novo ser, um vir a ser que, consciente de seus padrões de contato e evitação do contato, pode desenvolver sua vida e confirmar seu potencial. Ademais, como diz Spangenberg (2007), "[...] Todos, cedo ou tarde, acabamos confeccionando nossos próprios mapas, pois não podemos deixar de orientar-nos no mundo das experiências".

Essa conclusão é válida para o cliente, para o terapeuta em construção e também para o próprio supervisor.

Carlos Maurício apõe uma leitura desse processo ao descrever que a cliente passou grande parte da vida acreditando que não conseguiria se sentir feliz ou de uma forma suficientemente boa para viver. Hoje, vive no aqui e agora, tem consciência dos padrões fixos, mas também tem consciência de seu potencial. Citando a *teoria paradoxal da mudança* (Beisser *in* Fagan & Sheperd, 1980), que não vem a ser apenas uma teoria, mas um conceito norteador, podemos afirmar que J. vai se transformando à medida que deixa de tentar ser outra que não ela mesma.

A busca da *awareness* é um processo ativo, longe de ser passivo, no qual o Gestalt-terapeuta convida seu cliente a mobilizar recursos para que as limitações impostas por visões rígidas sobre si ou sobre o mundo sejam refletidas e elaboradas, e não apoiadas, através da clareza de uma descrição do fenômeno que promove uma ferramenta de compreensão sobre como interpreta os fatos na construção de sua realidade e que visa ao processo mais importante: o cliente descobrir coisas sobre ele mesmo.

Como a consciência é um caminho sem volta, nesse momento o cliente tem um mundo para desbravar: o que fazer com o que descobri de mim? O que escolho fazer com isso? É um mundo novo, constituído de novas possibilidades, de maior autoapoio e de maior compreensão – lançando mão de uma analogia com o amor de J. por animais, principalmente por cavalos, é o momento em que ela assume as rédeas da própria vida.

Considerações finais

Nessa experiência de entrelaçar visões gestálticas de dois profissionais em diferentes momentos da carreira, em diversos momentos de vida, percebemos o quão importante é o processo de supervisão na abordagem gestáltica. O processo de crescimento profissional enfrenta obstáculos, às vezes impostos pelo próprio psicoterapeuta iniciante que, envolvido pelo êxtase de exercer a teoria e tudo para o qual se preparou, pode acabar se esquecendo de olhar e acolher o ser humano que se coloca à sua frente e que traz características que ele divide com alguns, com poucos e, não raro, com nenhum outro ser humano.

Nessa experiência vivencial de trabalhar e descrever o processo de supervisão da terapia na abordagem gestáltica, deparamo-nos com um fenômeno contínuo de ações que visaram à integração de diferentes tipos de polaridades na procura de congruências e unidade, da autorregulação e do equilíbrio, tanto no processo terapêutico da cliente como nas ações e desafios encontrados pelo terapeuta, no desenvolvimento profissional e pessoal, assim como nas ações do supervisor. Daí considerarmos a integração, além de um princípio norteador da terapia, também a bússola ou a chave-mestra da supervisão. Certamente, esse breve processo de acompanhamento do processo terapêutico nas condições de supervisor e de terapeuta deu-nos a oportunidade e o prazer do encontro humano.

Durante o trabalho terapêutico, foi necessário confiar no potencial do vir a ser do humano que ali se encontrava, compreendendo e intervindo em sua maneira peculiar de reagir à vida, com suas estratégias de contato e evitação, porém pensando que temos a obrigação de oferecer sempre o melhor serviço possível, o que, de certo modo, exige um olhar, por um lado, suficientemente experiente para lidar com o relacionamento humano profundo e, por outro, suficientemente amoroso, de aceitação e inclusão da diferença. Outrossim, é preciso destacar que foi muito honroso para nós, terapeuta e supervisor, acompanharmos o processo de emancipação, integração e empoderamento de J.

Nesse sentido, o supervisor não se encontra municiado de uma "visão super", que contemple o caminho norteador para a resolução dos problemas, mas pode oferecer ferramentas que ajudem o psicoterapeuta iniciante – interagindo dialógica e fenomenologicamente – a se sentir mais confiante na promoção do acolhimento e da intervenção terapêutica.

O processo de supervisão em Gestalt-terapia é ativo, e não há respostas prontas, fórmulas mágicas que levem ao sucesso do trabalho, uma vez que não se fica no sobreísmo, mas se contatam sentimentos transferenciais e contratransferenciais que preparam o Gestalt-terapeuta para ser genuíno, criativo, sem ter um *modus operandi* rígido e que, enfim, continue a se permitir encantar-se com o outro que chega a seu consultório para se tornar aquilo que já é.

J. representa uma figura feminina emblemática de nossos tempos, a mulher que se emancipa e modela a atitude e o caminho para mulheres e homens, que processa, com trabalho, esforço, desafios e paradoxalmente de forma natural, sua identificação e crescimento éticos, políticos e antropológicos. J. representa, como Rosa (2021) descreve poeticamente, a resultante do processo terapêutico da mulher: "Uma mulher que se reconstrói não negocia o seu sagrado."

Terapeutas e supervisores devem reconhecer e trilhar esse processo de ensino/aprendizagem e recordar que sempre é tempo de recomeçar. Como explica Cardella (2021, p. 26): "o início guarda a sabedoria do fim e a ignorância é lugar ético também do supervisor."

Referências

BEISSER, A.R.A. Teoria paradoxal da mudança. In: FAGAN, J.; SHEPHERD, I.L. (Orgs.). Gestalt-terapia: teoria, técnicas e aplicações. Rio de Janeiro: Zahar Editores, 1980.

CARDELLA, B.H.P. O supervisor-aprendiz e o acendedor de lampiões. In: SUASSUNA, V.E.M.C.; SUASSUNA, D.M.C (Orgs.) Supervisão em Gestalt-terapia: o cuidado como figura. Rio de Janeiro: Medbook, 2021.

FAGAN, J.; SHEPHERD, I.L. (Orgs.) Gestalt-terapia. Teoria, técnicas e aplicações. 4 ed. Rio de Janeiro: Zahar Editores, 1980.

JULIANO, J.C. A arte de restaurar histórias: o diálogo criativo no caminho pessoal. São Paulo: Summus Editorial, 1999.

MÜLLER-GRANZOTTO, M.J.; MÜLLER-GRANZOTTO, R.L. Clínicas gestálticas: sentido ético, político e antropológico da teoria do self. São Paulo: Summus Editorial, 2012.

NARANJO, C. Centralidade no presente: técnica, prescrição e ideal. In: FAGAN, J.; SHEPHERD, I.L. (Orgs.) Gestalt-terapia. Teoria, técnicas e aplicações. 4 ed. Rio de Janeiro: Zahar Editores, 1980: 71-100.

La vieja y novísima Gestalt. Santiago de Chile: Editorial Cuatro Vientos, 2013.

PERLS, F.S. Gestalt-terapia explicada: Gestalt-therapy verbatim. São Paulo: Summus Editorial, 1977.

PERLS, F.S.; GOODMAN, P.; HEFFERLINE, F. Gestalt-terapia. São Paulo: Summus Editorial, 1997.

RIBEIRO, J.P. Holismo, ecologia e espiritualidade: caminhos de uma gestalt plena. São Paulo: Summus Editorial, 2009.

O ciclo de contato: temas básicos na abordagem gestáltica. São Paulo: Summus Editorial, 2007.

ROSA, I. Postagem publicada no FACEBOOK em 08/07/2021.

SPANGENBERG, A. Gestalt-terapia: um caminho de volta para casa. Série Gestalt-Terapia. Campinas: Editora Livro Pleno, 2007.

SUASSUNA, V.E.M.C.; SUASSUNA, D.M.C. (Orgs.) Supervisão em Gestalt-terapia: o cuidado como figura. Rio de Janeiro: Medbook, 2021.

4

O DIALÓGICO A SERVIÇO DA SUPERVISÃO CLÍNICA GESTÁLTICA:

Educando a Mente para o que o Coração já Sabe

Helena Pinheiro Jucá-Vasconcelos

A supervisão clínica é uma atividade fundamental para o desenvolvimento profissional dos psicoterapeutas. É por meio dessa prática que se vai construindo o olhar clínico. No entanto, a supervisão gestáltica tem algumas características peculiares que a tornam única, como, por exemplo, sua base na fenomenologia, na visão holística do ser humano e, principalmente, no existencialismo dialógico.

A partir de minha prática como supervisora e formadora de Gestalt-terapeutas, percebo o quão fundamental é o estabelecimento do relacionamento dialógico não apenas com os clientes, mas com os psicoterapeutas em formação. Isso porque sem um relacionamento de qualidade o vínculo não será suficientemente bom para o crescimento de todos que fazem parte desse processo. Gestalt-terapia é um estilo de vida, e só faz sentido exercê-la da mesma maneira em todos os campos, não apenas na clínica individual.

Esse artigo tem como objetivo principal destacar a importância do relacionamento dialógico nas supervisões clínicas gestálticas, apresentando os aspectos que colaboram e os que atrapalham a prática. Como objetivos secundários, apresentarei reflexões sobre as características do supervisionado iniciante e sobre o papel do supervisor.

O SUPERVISIONADO: ASPECTOS INICIAIS OBSERVADOS EM PSICOTERAPEUTAS INICIANTES

A maioria dos estudantes ou profissionais de psicologia que começam a estagiar e a fazer os atendimentos clínicos chega com muitas teorias acerca do que é certo e errado, de como pode "ajudar" seus clientes. Dependendo do próprio comprometimento com a qualidade de atendimento, os recém-formados buscam formações clínicas, supervisões com psicólogos qualificados e mesmo especializações em pós-graduações. No Brasil, o Conselho Federal de Psicologia traz, em seu código de ética, que é dever do psicólogo só atender quando estiver habilitado para a atividade e quando já tiver em mãos seu número no Conselho Regional de Psicologia (CRP), o que, portanto, pode ser feito pouco tempo após a formatura, se o recém-formado se considerar apto.

Portanto, temos uma situação peculiar no Brasil: os recém-formados já podem começar a atender, a depender somente do compromisso de autoavaliação ética, se têm os conhecimentos necessários para fazer o atendimento clínico, após a inscrição no CRP. Essa situação não acontece desse modo em muitos países, uma vez que são cobradas mais horas de estudo formal e supervisão clínica dos graduados em psicologia.

A prática psicoterapêutica em muitos países só pode ser exercida sem supervisão formal e obrigatória após serem atingidos alguns critérios. Por exemplo, nos EUA, no Canadá e na Inglaterra é preciso fazer, além da graduação em psicologia, um mestrado em psicoterapia ou até mesmo um doutorado. Nos EUA são necessárias

1.500 horas de comprovação de supervisão clínica antes que o profissional possa atuar por conta própria, além de ser obrigatório comprovar a cada ano a participação em cursos de aprimoramento.

Na Inglaterra, é preciso ter 450 horas de práticas supervisionadas antes de poder se registrar como psicoterapeuta licenciado. Na Itália, o atendimento clínico, mesmo em estágio supervisionado, só pode ser feito após a graduação em programa de mestrado clínico. Percebe-se que as normas para poder praticar clinicamente são mais rígidas que no Brasil, e as exigidas para se tornar supervisor clínico acabam sendo ainda mais.

Na Austrália, Starak (2015) afirma que para se tornar um supervisor clínico e um instrutor em Gestalt-terapia é preciso, além de ser um psicoterapeuta gestáltico sênior, ter participado de mais de 200 horas de supervisão e ter feito treinamentos adicionais como educador e líder de treinamento de grupos.

Quais seriam as implicações técnicas, emocionais e na qualidade nos atendimentos quando se exigem esses critérios em outros países? Até que ponto nossos estudantes e recém-formados em psicologia são beneficiados ou não pela possibilidade de atender sem as exigências de qualificação ou de horas de supervisão determinadas em outros países? Será que nossos profissionais estão atuando como prega o código de ética da profissão? Será que as exigências extras são mesmo desnecessárias? Será que nossos profissionais estão tendo o suporte necessário antes de serem autônomos no atendimento psicoterapêutico?

É importante a investigação dessas e de outras questões, as quais servem de pontos de reflexão para a compreensão de como se dá o relacionamento entre supervisor e supervisionado. Os profissionais brasileiros vão a "campo" com a "habilitação" comprovada por uma carteira profissional, precisando atuar em situações muitas vezes graves ainda sem conhecimento teórico, prático e experiencial suficiente e muitas vezes com poucas horas de supervisão e prática clínica (em comparação a outros países).

O grande desafio para os supervisores é saber como lidar com os estudantes e profissionais de psicologia que são supervisionados, de modo que eles possam desenvolver esse compromisso ético de maneira autônoma, bem como sentir-se mais seguros e confiantes nessa prática tão desafiadora que é ser psicoterapeuta gestáltico. Levando em consideração que muitas vezes precisam atuar sem o devido suporte e sem condições financeiras para investir na profissão, esses profissionais são constantemente cobrados, tanto pela sociedade como pelos familiares, para terem um consultório cheio, para serem financeiramente independentes e para saberem atuar na prática. Isso tudo logo após a formatura da graduação, o que os deixa sob a pressão de já atuarem "bem" e de não "gastarem" mais dinheiro em formações e supervisões.

O que dificulta o processo é que a profissão é paradoxal em muitos aspectos (Hycner, 1995). Dos terapeutas é exigida a resolução de muitas necessidades dos clientes, as quais muitas vezes causam grande dor aos terapeutas e que só serão suportáveis após muitos anos de experiência clínica, embora muitas tensões nunca sejam resolvidas. Hycner afirma que "o processo de cura em psicoterapia requer, até mesmo exige, um grande envolvimento pessoal da parte do terapeuta" (1995, p. 28). Assim, há sempre uma tensão entre a objetividade e a subjetividade. Apesar da necessidade de grande conhecimento científico, Hycner nos recorda ainda que "o conhecimento objetivo precisa estar sempre fundamentado na experiência subjetiva do cliente e na do terapeuta" (1995, p. 28).

Vale observar também que, ao iniciar a supervisão, muitos profissionais em formação acreditam que não saberão responder todas as questões do cliente e chegam às sessões de supervisão com várias dificuldades e muita insegurança. Eles podem, também, chegar ao polo oposto, vendo-se como quem sabe bastante e não pode errar ou não saber. Cabe recordá-los de que um psicoterapeuta é um ser humano e, como tal, pode se encontrar em momentos de confusão na clínica por não saber o que fazer e por querer "ajudar" o cliente.

Muitas vezes, essa situação de insegurança é disfarçada ou até mesmo negada por conta de receios de ser julgado como mau profissional. Sabe-se que a psicologia clínica é uma profissão na qual se busca tratar psicologicamente outros seres humanos em sofrimento; no entanto, essa tarefa nem sempre é fácil ou pouco dolorosa.

Em minha experiência com os que iniciam estágio supervisionado, mesmo que tenham algum conhecimento a respeito da Gestalt-terapia, a maioria chega à prática clínica sem saber atuar diante dessas dores ou mesmo com a prática de acordo com o método fenomenológico e a relação dialógica. Anos de estudos na universidade com outras abordagens e outras metodologias parecem colaborar para que os estagiários introjetem uma série de *deverias* incongruentes com o modo de atuar do Gestalt-terapeuta.

Em reuniões de supervisão na graduação de psicologia ou mesmo no início do curso de formação clínica gestáltica, é comum os estagiários terem dificuldades nos atendimentos. As mais frequentes dizem respeito ao uso de perguntas interpretativas, à dificuldade de focar nas questões que contêm mais energia nos atendimentos, a demandar muitas perguntas no mesmo momento e à falta de intervenções com base nos próprios órgãos do sentido.

Portanto, uma das metas mais importantes no início da supervisão clínica é trabalhar o compromisso ético de ficar no óbvio, sem interpretação, sem dedução e com um respeito genuíno à relação terapêutica. Esse me parece ser um desafio para o qual o supervisor precisa estar atento. Para isso, além de retomar algo da teoria, parece ser útil formular práticas supervisionadas durante as supervisões para que os participantes possam atender uns aos outros enquanto observados pela equipe e pelo supervisor.

Algo muito frequente nos profissionais iniciantes, ou quando o caso é grave, é a vontade de demonstrar eficiência e a confiança em poder "ajudar" o cliente. Com isso, muitas vezes, ações disfuncionais podem surgir por conta da falta de jeito e da precipitação. Por isso, convém demonstrar ao supervisionado como entrar no mundo do cliente, compreendê-lo, ajudá-lo a se dar conta de seu processo para que ele próprio esteja *aware* de como se encontra para então saber do que necessita. Com o tempo, os profissionais experimentam cada vez mais a sensação de que não são os terapeutas que sabem a resposta, mas os próprios clientes.

Assim como os clientes, não é possível chegar à maturidade completa, até mesmo a ponto de saber todas as ações a serem tomadas. Por isso, não se deve temer o não saber, mas acreditar no potencial de encontrar o caminho, estando *aware* do processo. Sobre isso, Perls (1977) assevera não haver a maturação ou integração total da pessoa. A integração é um processo em constante ação. Há sempre novas possibilidades de integração e de aprendizagem. Para o autor, a maturação se enriquece cada vez mais ao se responsabilizar por si mesmo e pela própria vida. A habilidade consiste no processo de se responsabilizar pelos sentimentos, movimentos e pensamentos que lhe são próprios.

Por conta disso, Perls (1977) enfatiza seu trabalho na atividade fóbica dos clientes, quando esses evitam ou fogem de algo. Compreendo que o mesmo trabalho precisa ser feito com os supervisionados, que muitas vezes têm suas dores e/ou evitam entrar em contato com o *não-saber*. A fuga da dor impede o desenvolvimento, uma vez que se para de prestar atenção ao recado que a dor anuncia.

Perls (1977) explica que grande número de pessoas dedica sua vida à busca de ser aquilo que "deveria" ser. Portanto, em vez de buscarem a autorrealização, elas procuram a realização da autoimagem, podendo sentir vazio e serem atormentadas pelo ideal para o qual se predispuseram. Quando se busca o controle por meio de algo não lhe é próprio, mesmo aquele introjetado, há uma interferência negativa no organismo da pessoa.

O saudável é controlar a situação em que se encontra, compreendendo-a e deixando que ela nos possa orientar. Dessa maneira é que se aprende a lidar com a vida. Perls (1977, p. 38) acrescenta ainda que "quanto menos confiança tivermos em nós mesmos, quanto menos contato tivermos com nós mesmos e com o mundo, maior será nosso desejo de controle". Para o autor, a patologia está relacionada com a falta de tomada de consciência em si e de si mesmo. Para mim, observar a presença desses aspectos no supervisionado é fundamental na supervisão clínica.

Quando não se está *aware*, a prática terapêutica fica engessada. É por meio da *awareness* que se pode dar conta do organismo e do meio, na vida e nos atendimentos clínicos. O psicoterapeuta é seu próprio instrumento de trabalho. Muitas vezes, é na supervisão que o psicoterapeuta em formação vai ampliar a *awareness* de seu relacionamento com o cliente e aperfeiçoar a si mesmo como instrumento. Para isso, ele vai experienciando na supervisão que é útil nesse processo escutar o organismo e estar *aware* ao relacionamento, inclusive por meio do exemplo do supervisor.

Orientar os supervisionados a estarem atentos e pedir que estejam conscientes do que acontece com o organismo pode favorecer o encontro do caminho a seguir no processo terapêutico. É frequente o terapeuta iniciante não saber tomar decisões em relação ao tratamento de seu cliente, e o supervisor pode servir de porto seguro para que ele possa crescer e se desenvolver. Segundo Tobin (1977), o que impede a pessoa de decidir satisfatoriamente é o fato de se basear em regras e padrões morais, bem como o uso artificial da racionalidade na tomada de decisão. As decisões devem vir naturalmente, a partir da totalidade do organismo, ou seja, da lógica, dos sentimentos, da moralidade e dos próprios sentidos.

Portanto, levar em consideração essas dificuldades encontradas nos profissionais em formação pode colaborar para uma melhor compreensão de como lidar com eles. O supervisor pode ser aquele que provoca situações nas quais o supervisionado possa experimentar estar preso e frustrar seus mecanismos de evitação até que ele possa e queira usar seus próprios recursos – principalmente deixá-lo mais *aware* de seu processo de aprendizagem, de suas necessidades e de desenvolvimento profissional. Além disso, é preciso ter grande maestria para demonstrar as dificuldades e ensinar sem que o estudante se sinta diminuído e envergonhado no processo. Por isso, compreender o papel do supervisor é primordial.

O SUPERVISOR E SEU PAPEL

De acordo com Resnick e Estrup (2000), a supervisão é uma prática colaborativa entre supervisor e supervisionado(s) em que os participantes assumem posições horizontais e não hierárquicas. Cada um é especialista em sua própria experiência e todos são importantes no processo mútuo de exploração e de aprendizagem. Trata-se de um processo criativo, experiencial e não interpretativo.

Para Resnick e Estrup (2000), a supervisão clínica gestáltica é multidimensional. Segundo as autoras, isso significa que tem o propósito de ajudar o psicoterapeuta a compreender melhor seu cliente tanto em relação ao conteúdo como ao estado do processo terapêutico, a estar mais *aware* das próprias reações ao cliente, a compreender a dinâmica relacional entre o terapeuta e o cliente de acordo com a perspectiva clínica e teórica, a avaliar as intervenções do terapeuta e suas consequências, a aprender e diferenciar as teorias da psicoterapia, a explorar novas maneiras de atuar em situações clínicas semelhantes e, também, a confirmar, dar suporte e desafiar o terapeuta para que ele possa crescer. Já de acordo com Yontef (1996), o supervisor clínico tem como objetivo acolher as necessidades da sociedade, da instituição, do psicoterapeuta, que precisa crescer enquanto profissional, e também dos clientes que precisam ser protegidos e se desenvolver.

Para Yontef (1996), pode haver três componentes na supervisão: o administrativo, o educativo e o consultivo, e os três são fundamentais para se estabelecer uma supervisão de qualidade em Gestalt-terapia.

O primeiro componente proporciona a ligação que o supervisor faz entre as normas do conselho, da instituição e da prática, podendo orientar, supervisionar e avaliar o desempenho do supervisionado em relação à sua prática e à atuação com ética (Yontef, 1996).

Na função educativa, o supervisor transmite o conhecimento ao supervisionado, e é indispensável que o supervisor possa atuar didaticamente, sem perder o foco na relação. O supervisor precisará ter conhecimento especializado e avançado na prática e na teoria da Gestalt-terapia, do diagnóstico e da psicoterapia para atuar didaticamente. Em uma supervisão em que não há transmissão de conhecimento falta uma parte fundamental (Yontef, 1996).

Por último, o papel do supervisor está pautado no lugar de consulta. O supervisor será aquele que poderá focar nas necessidades do supervisionado, ajudando-o a crescer e a resolver os problemas e preocupações que apareçam nos atendimentos. Há a ampliação da visão do psicoterapeuta para que ele possa compreender o todo da terapia, além de poder compreender a melhor metodologia para atuar e as necessidades do cliente, de modo a poder formar, com a colaboração do supervisor, uma visão do todo de cada cliente.

Essa última função também inclui a colaboração do supervisor ao tornar mais clara a visão do emocional do psicoterapeuta, suas preferências, valores, necessidades, como se dedica e como espera colaborar com os clientes. É muito importante observar esse aspecto, uma vez que ficar alheio às próprias reações emocionais é um dos maiores perigos na relação terapêutica, pois pode comprometer o tratamento (Yontef, 1996). É preciso saber diferenciar se essa reação advém da situação terapêutica em si ou de uma situação inacabada para o psicoterapeuta; se for esta a questão, é preciso trabalhar emocionalmente com o psicoterapeuta para que ele não fique confluente ou projete suas questões no cliente.

Novack (2010) assegura que o modelo de supervisão existencial-gestáltico requer uma visão holística do supervisionado, não podendo ser visto apenas como terapeuta. Além disso, o autor defende a importância da delimitação de limites claros entre supervisor e supervisionado para que o processo não se torne uma psicoterapia e sejam perdidos os objetivos da supervisão.

O foco no crescimento contínuo do psicoterapeuta é essencial na supervisão, assim como o diálogo genuíno é parte primordial da supervisão gestáltica. Essa requer, de acordo com Resnick e Estrup (2000), disponibilidade em relação à experiência do terapeuta e sua fenomenologia, a busca pela inclusão da experiência da vivência do cliente, mantendo seu próprio centro, e o compromisso pelo diálogo, entregando-se ao processo interpessoal que permite que o *entre* aconteça entre duas pessoas sem controle do contato e das consequências. A partir do diálogo na supervisão, busca-se que o trabalho do psicoterapeuta possa aumentar eficazmente, propiciando maior satisfação e a ampliação de sua criatividade (Yontef, 1996).

Outra prática importante do supervisor é poder colaborar com o aumento da autoestima pessoal e profissional e a confiança do psicoterapeuta. O reconhecimento de falhas também faz parte do desenvolvimento da autoestima, e por isso o supervisor precisará estar atento à propensão à vergonha que impede a demonstração de suas fraquezas. A distinção entre erros e fraquezas é importante para se saber o que precisa ser remediado e o que precisa ser aceito (Yontef, 1996).

Um aspecto relevante da supervisão é a busca do bem-estar do cliente. Mesmo que as responsabilidades do supervisor e do supervisionado sejam diferentes, cada um deles tem sua parcela no processo psicoterapêutico oferecido ao cliente. Enquanto o supervisionado é responsável por trazer ao supervisor informações precisas e importantes do atendimento, inclusive suas dificuldades e necessidades, o supervisor tem o dever de oferecer avaliações, sugestões e retornos de maneira honesta e clara. Os limites éticos e de competência são responsabilidade de ambos (Yontef, 1996).

Resnick e Estrup (2000) recomendam que a supervisão comece com um contrato claro sobre os desejos e as expectativas do supervisionado, assim como os conhecimentos adquiridos anteriormente e uma exploração das experiências com supervisões anteriores.

O supervisor precisa colaborar com o psicoterapeuta em formação para que ele possa integrar harmoniosamente as dimensões objetiva e subjetiva dos atendimentos. Essa é uma necessidade importante dos atendimentos, segundo Hycner (1995). Além disso, requer o desenvolvimento da habilidade do supervisionado de manter uma "presença distanciada", ou seja, a capacidade de "estar totalmente presente e, simultaneamente, ser capaz de refletir sobre o que está sendo experienciado num dado momento" (p. 29). A psicoterapia passa a ter o dilema de estar entre ser uma ciência e uma arte, e muito desse aprendizado de como lidar com esse paradoxo se dá a partir de como o supervisionado vê as intervenções e a presença do supervisor.

Por conta de todos esses aspectos, a qualidade da relação entre supervisor e supervisionado na abordagem gestáltica tem um papel fundamental no desfecho terapêutico para o cliente (Starak, 2015).

A relação genuína e o trabalho da supervisão pela ótica da Gestalt-terapia

Para a Gestalt-terapia, todo comportamento disfuncional é um diálogo interrompido. Sabemos que o objetivo terapêutico nessa abordagem é a restauração desse diálogo que se da pela própria relação terapêutica (Hycner & Jacobs, 1997). O que ocorre na relação estabelecida em situações de treinamento não é diferente. O supervisor precisa trabalhar com o estudante a necessidade de contato por meio de um diálogo genuíno, pois só a partir disso poderão emergir sua singularidade e suas qualidades mais humanas. Pensar a supervisão clínica gestáltica é recordar as palavras de

Hycner (1997, p. 103): "Nossas mentes precisam ser educadas para aquilo que nossos corações já sabem."

O supervisor gestáltico prepara o terreno para a construção de uma abordagem dialógica em relação ao supervisionado, principalmente observando o que disse Hycner (1997), ou seja, que há em nossa cultura muita confusão em relação a esse conceito e que ocorre a supervalorização do individualismo. O olhar dialógico representa uma mudança de paradigma, ou seja, leva a terapia e, acrescento, a supervisão a uma grande mudança na forma de abordar a prática. Isso porque o foco passa a ser a relação, além da mudança do olhar em relação ao desenvolvimento humano e à psicopatologia.

Quando se trata de dialógico, estamos falando do equilíbrio entre os momentos Eu-Tu e Eu-Isso. Não se trata de permanecer unicamente no Eu-Tu (Hycner, 1995; Hycner & Jacobs, 1997; Yontef, 1998). O mesmo acontece na relação estabelecida nas supervisões clínicas, caso seja utilizada essa abordagem. Nas palavras de Hycner (1997, p. 99): "O dialógico é uma abordagem de estar aberto à alteridade, à singularidade da outra pessoa, junto com o desejo de me trazer mais plenamente para o 'encontro' com essa outra pessoa." Não é possível controlar esse encontro; ele se dá pela Graça (Buber, 2001).

Como abordado por Hycner (1997) na psicoterapia, compreendo que na supervisão dialógica o supervisor se dispõe a colocar de lado suas necessidades e intenções do ego para que possa "ouvir" as necessidades mais profundas e ocultas do supervisionado. Essa atitude implica estar "a serviço de" para poder escutar profundamente, inclusive os não-ditos.

Essa postura requer que o supervisor esteja inteiro na relação, o que Hycner (1995) chama de "entrar no mundo do cliente". Isso possibilita que a relação Eu-Tu ocorra para estar em contato com as reais necessidades do supervisionado e de seu cliente. É preciso estar *aware* ao processo que se estabelece nessa relação, como se está com o outro e o outro consigo, no aqui e agora. No caso da supervisão clínica dialógica, exige do terapeuta uma presença em diversos níveis para poder conseguir navegar entre tantos campos. Com isso ficarão claras as necessidades e responsabilidades de cada um, bem como se há algum convite à manipulação ou disfunções de contato de qualquer um dos envolvidos.

Sabemos que grande parte do contato é técnica, um encontro Eu-Isso (Hycner & Jacobs, 1997). Por isso, é um grande desafio, nas supervisões, não cair na armadilha de permanecer nas partes burocráticas, nos resultados ou na teoria, que, apesar de muitas vezes importantes, podem levar a relacionamentos "coisificados" entre os participantes. Para a Gestalt-terapia, "falar de" não é o mesmo que "falar com", e ficar preso ao relato dos casos clínicos, sem levar em consideração o aspecto relacional, pode levar a um *blá-blá-blá* que não proporciona um contato genuíno. Por isso, a supervisão dialógica propõe um foco maior na habilidade relacional do supervisionado.

Assim como acontece com o processo terapêutico (Hycner, 1997), compreendo que a supervisão dialógica não combate a técnica nem a teoria, mas essas não podem existir para engrandecer o ego do supervisor ou do terapeuta. A técnica precisa vir do encontro, do contexto que colabora para fazê-la emergir, sendo essencial naquele encontro. Uma técnica ou alguma explicação teórica apresentada antes do tempo ou fora da relação pode inclusive impedir o surgimento de um diálogo genuíno.

O QUE PODE ATRAPALHAR A QUALIDADE DA RELAÇÃO GENUÍNA ENTRE SUPERVISOR E SUPERVISIONADO

O trabalho de supervisão é um misto de ensino, psicoterapia, suporte e arte. O supervisor tem um papel efetivo na vida do psicoterapeuta iniciante, já que se alterna entre instruir, confirmar e orientar. Ele é o divisor de águas que poderá favorecer ou não o desenvolvimento e o sucesso profissional do supervisionado. A relação poderá ficar prejudicada se um dos dois estiver pautado na educação tradicional, influenciada por autoritarismo, crítica e relação vertical.

Pela ótica dialógica, como dito previamente, a prática da abordagem gestáltica entre supervisor e supervisionado deve ser pautada na relação genuína. Por conta disso, é preciso estar atento e trabalhar emocionalmente as introjeções sobre o lugar de ensino e aprendizagem, além de focar no tratamento dos traços ou transtornos narcísicos que possam estar presentes. É importante atuar na relação e no desenvolvimento emocional e técnico do supervisionado, mesmo que seja necessário demonstrar aspectos que precisam ser melhorados.

Caso exista alguma situação inacabada na relação, também é importante que ela seja trabalhada (Resnick & Estrup, 2000). Isso pode ocorrer quando não se levam em consideração necessidades institucionais, da sociedade, da cultura ou mesmo do supervisionado. O processo de desenvolvimento ficará comprometido se no *entre* da relação existirem situações inacabadas, as quais podem incluir desde incompreensões até omissões ou problemas com o cliente, com o grupo de supervisão ou mesmo com o supervisor.

Ser supervisor de psicoterapeutas em formação pode ser desafiador, pois muitas vezes eles iniciam o processo prático clínico paralelamente à própria psicoterapia. Os problemas relacionais que se apresentam costumam ter relação com a falta de desenvolvimento pessoal por conta da ausência de psicoterapia pessoal (Kearns, 2018).

Além disso, há também aqueles com alguns traços narcísicos ou outros transtornos. Esses tipos de problema precisam ser avaliados e levados em consideração ao se relacionar com o supervisionado. Por exemplo, Yontef (1993) diz que uma das características dos narcisistas é a dificuldade em assumir que a luta faz parte da vida. Eles comumente se diminuem quando se sentem inseguros no processo de aprendizado e acabam por cobrar de si mesmos a perfeição e não têm compaixão por eles próprios no processo de aprendizagem.

Sobre isso, Kearns (2018) afirma que é importante trabalhar com a hipótese de que os psicoterapeutas emergentes funcionam com um sistema narcísico no qual é maior a preocupação com o desempenho e as expectativas a respeito de si mesmos são elevadas.

Por conta disso, um aspecto pouco trabalhado, e que é muito importante, consiste na tendência de o supervisionado ficar envergonhado diante do compartilhamento de suas ações com o supervisor. Yontef (1993) pontua que os supervisionados, por normalmente funcionarem de maneira narcísica, tendem a ficar envergonhados ao se darem conta do que não sabem. O supervisor precisa estar atento à vergonha e propiciar um espaço de segurança, acolhimento e não julgamento para que o supervisionado possa sentir-se acolhido para trazer suas dúvidas, medos, inseguranças e possíveis "erros". Caso a vergonha não seja levada em conta, dificilmente será estabelecida uma relação genuína. O supervisionado poderá desempenhar um papel e não levar suas questões às reuniões.

Por outro lado, cabe ressaltar a recomendação de Yontef (1993) de não tratar os supervisionados como frágeis, a ponto de não falar de suas deficiências ou limitações. O autor indica haver um equilíbrio entre o reconhecimento real das limitações do treinando e o desafio de estimulá-lo a seguir adiante no conhecimento sem a punição "narcísica". É preciso deixar claro que há mais do que as polaridades de um ser brilhante ou de alguém que nada sabe. Para isso, um senso de humor respeitoso pode ajudar.

Algo a ser trabalhado na relação entre supervisor e seus supervisionados é a possibilidade de compartilhar também suas dificuldades e o processo de aprendizagem que ele próprio percorreu. Isso inclui os erros cometidos e os desafios vivenciados pelo supervisor, o que pode auxiliá-lo a não infantilizar ou patologizar os que estão em treinamento, além de colaborar na criação de um modelo de aceitação do *self* e de um ambiente de não saber e poder permanecer na confusão (Kearns, 2018).

Considerações finais

A visão holística, fenomenológica e voltada para a qualidade do relacionamento nem sempre é alcançada na prática dos grupos de supervisão por conta de várias dificuldades (por exemplo, institucionais). Ademais, nem sempre os supervisores têm o treinamento e a experiência que os tornem capazes de ter confiança, dar continuidade e desenvolverem uma relação efetiva. No entanto, sabe-se que esse tipo de relacionamento é o ideal para a prática da supervisão dialógica (Pack, 2009).

Além disso, no Brasil, os psicoterapeutas principiantes iniciam seus atendimentos com muitas dificuldades e cobranças em relação à prática e aos resultados. As regras para os atendimentos clínicos no país, se por um lado favorecem os formandos a praticarem o quanto antes, por outro abrem brechas para que muitos não invistam o suficiente na profissão para alcançar a qualidade mínima nos atendimentos terapêuticos. Com isso, os supervisores podem ver-se em uma situação que demanda dar conta de muita insegurança, falta de suporte emocional e ausência de conhecimentos primordiais para o atendimento clínico de qualidade.

No entanto, essa situação é de algum modo possibilitada pelas regras da profissão no Brasil, e deve-se tomar cuidado para não culpar os supervisionados pelo que eles não têm como saber. É importante cuidar dos psicoterapeutas em formação para que eles possam se habilitar para a prática sem se sentir desencorajados por conta do longo caminho que ainda precisam percorrer para se tornarem autônomos com qualidade. Com isso, a supervisão clínica dialógica pode ajudar no desenvolvimento da maturidade profissional, contribuindo com elementos essenciais para a prática, sempre levando em consideração o aspecto emocional do psicoterapeuta em formação.

Um processo pedagógico que não leve em conta as características do supervisionado, do supervisor e do cliente, as regras para a prática clínica, os conhecimentos adquiridos, a qualidade do relacionamento e como se dá o relacionamento entre docente e aprendiz pode ter resultados insatisfatórios. O relacionamento dialógico poderá propiciar melhor *awareness* do processo de supervisão, inclusive como direcionamento para o melhor caminho a percorrer.

O estabelecimento de um relacionamento genuíno na supervisão clínica poderá colaborar com o amadurecimento, o crescimento profissional e, não menos importante, com o atendimento de melhor qualidade ao cliente. Apesar de exigir uma série de qualidades que demandam envolvimento emocional e o olhar clínico do supervisor, há também a responsabilidade de transmitir os conhecimentos teóricos, técnicos e práticos com qualidade superior. Logo, essa prática é complexa e precisa abarcar inúmeras frentes, sendo de valor imensurável para o desenvolvimento profissional do psicoterapeuta em formação e para o desenvolvimento da Gestalt-terapia.

Referências

AMERICAN PSYCHOLOGICAL ASSOCIATION. Guidelines for Clinical Supervision in Health Service Psychology, 2014. Disponível em: http://apa.org/about/policy/guidelines-supervision.pdf.

BUBER, M. Eu e tu. 8. ed. São Paulo: Centauro, 2001.

CANADIAN PSYCHOLOGICAL ASSOCIATION. Ethical guidelines for supervision in psychology: Teaching, research, practice and administration, 2009.

HYCNER, R. De pessoa a pessoa: psicoterapia dialógica. São Paulo: Summus, 1995.

HYCNER, R. Considerações finais: o espírito do diálogo. In: HYCNER, R.; JACOBS, L. Relação e cura em Gestalt-terapia. São Paulo: Summus, 1997.

HYCNER, R; JACOBS, L. Relação e cura em Gestalt-terapia. São Paulo: Summus, 1997.

NOVACK, J. An existentialist-Gestalt approach to clinical supervision. The Journal of Counselor Preparation and Supervision 2010; 1(2). Disponível em: http://dx.doi.org/10.7729/12.0110.

KEARNS, A. The seven deadly sins? Issues in clinical practice and supervision for humanistic and integrative practitioners. London and New York: Routledge, 2018.

PACK, M. Supervision as a liminal space: Towards a dialogic relationship. Gestalt Journal of Australia and New Zealand 2009 ; 5(2);60-78.

PERLS, F. Gestalt-terapia explicada. 10. ed. Col. Novas Buscas em Psicoterapia. São Paulo: Summus, 1977.

PERL, F. A abordagem gestáltica e testemunha ocular da terapia. Rio de Janeiro: Zahar Editores, 1981.

RESNICK, R.F.; ESTRUP, L. Supervision: A collaborative endeavor. Gestalt Review 2000; 4(2):121-37.

STARAK, Y. Clinical supervision: a gestalt-humanistic framework. In: MISTLER, B.J.; BROWNELL, P. Global perspectives on research, theory and practice: a decade of Gestalt! Newcastle: Cambridge Scholars, 2015.

STEVENS, J.O. Tornar-se presente: experimentos de crescimento em gestalt-terapia. São Paulo: Summus, 1977.

TOBIN, S.A. Totalidade e auto-sustentação. In: PERLS, F. et al. Isto é Gestalt. São Paulo: Summus, 1977.

YONTEF, G.M. Awareness, dialogue & process. New York: The Gestalt Journal Press, 1993.

YONTEF, G.M. Processo, diálogo e awareness: ensaios em Gestalt terapia. São Paulo: Summus, 1998.

YONTEF, G. Supervision from a Gestalt therapy perspective. British Gestalt Journal 1996; 2:92-102.

5

SUPERVISÃO:
Uma Trajetória

Arlene Leite Nunes

Supervisão
Super Visão
Visão Super
Visão do quê?
Visão de quem?

Este não é um texto técnico/acadêmico sobre supervisão. Este é um texto que vem do coração, das experiências, das vivências, dos estudos, das pesquisas, de uma história de 20 anos de supervisão dentro da Psicologia e da Gestalt-terapia.

A supervisão em minha vivência profissional atual se dá de três formas: quando atuo com alunos de graduação e de pós-graduação; quando atuo com psicólogos, tanto os recém-formados como os que já atuam há mais tempo; e quando busco o suporte de colegas supervisores para minha própria supervisão. Sim, psicólogos nunca deixam de fazer supervisão – não deveriam pelo menos. Nesse caso, o "deveria" é permitido e "necessário".

Vou falar, portanto, do lugar da aluna que fui, da professora de graduação/pós-graduação e da psicóloga que sou.

Os alunos de graduação têm um caminho tão lindo para desabrochar o terapeuta que os habita. Normalmente chegam ao último ano da faculdade, quando ocorre o estágio de clínica, com medo, achando que não sabem, não fizeram e não estudaram o suficiente. Costumo dizer aos alunos que não só ao longo da faculdade, mas ao longo de toda nossa vida cada um de nós tem uma caixinha na qual vamos colocando as ferramentas que adquirimos. E, quando chegamos diante de nosso cliente, há ferramentas que nem lembrávamos que estavam lá, outras que talvez nem tenhamos usado ou, quando as adquirimos, nem sabíamos direito para o que serviam. Mas, no momento em que estamos diante do cliente, algo acontece e, ao olharmos para aquela caixinha, sabemos, de alguma forma, como usar cada uma delas.

No momento em que vamos para o atendimento com o cliente, nós terapeutas nos deparamos conosco, na verdade. Com os nossos limites, nossas possibilidades, nossos medos, nossas inseguranças, e por aí vai... Portanto, considero que a supervisão não é para o cliente. A supervisão é para o psicoterapeuta. Ela é necessária e indispensável na vida de todo psicoterapeuta.

Hoje, ao olhar para minha trajetória, vejo a importância desse momento precioso da supervisão. Desde o princípio, na minha primeira supervisão, ainda na faculdade, na minha prática clínica, até os dias de hoje. Em cada fase, foi – e é – importante de uma forma diferente.

Muito já foi dito sobre supervisão, mas neste texto quero falar sobre supervisão à luz de minhas vivências e compartilhar experiências pessoais tanto como supervisora quanto como supervisionanda.

Quando olho para o processo de supervisão, entendo que a terapia é para o cliente e a supervisão é para o terapeuta. Não que supervisão seja terapia para o terapeuta, mas um processo de ampliação de *awareness*, de olhar para si, de fazer contato com sua forma de ser e estar com o cliente, de perceber o que e como toca quando está com o cliente, de enxergar suas possibilidades. Nesse sentido, a supervisão é um processo de ampliação de *awareness*.

Assim como na terapia trabalhamos com o cliente a ampliação de *awareness*, autossuporte, limites; as possibilidades, a forma como se interrompe, o que fala e como fala, quando não fala, na supervisão o trabalho é esse com o terapeuta. É dessa forma que vejo o trabalho de supervisão: pensar limites, possibilidades, desenvolvimento de *awareness*, autossuporte para o terapeuta na relação com o cliente.

Olhar seus introjetos, como vê esse cliente, quais são seus "pré-conceitos" enquanto terapeuta, quais são suas fantasias, o que o impede quando está diante daquele cliente, o que o impede de encerrar a sessão no horário ou fazer determinada intervenção. Assim, a supervisão é um processo de auto-observação, um processo de *awareness*. Quando o terapeuta estiver no contato com o cliente, observará tanto o que acontece com o cliente como o que acontece com ele, terapeuta, e nessa relação.

Na supervisão focamos nisso: o que acontece com o terapeuta no atendimento com o cliente. É importante questionar o terapeuta se o que acontece com um cliente acontece com os demais. O que é diferente e o que é semelhante na relação com cada um dos clientes? O que o terapeuta identifica como seu na história do cliente? Se já viveu isso na própria história, como foi? Muitas vezes, o terapeuta ou o aluno acabam dando ou deixando de dar o que o cliente precisa por conta de algo de sua própria história, algo de sua vivência.

Minhas vivências de supervisão

➤ A primeira experiência de supervisão

Minha primeira vivência com supervisão aconteceu no quarto ano da faculdade, em um estágio extracurricular de Psicologia Hospitalar.

Passava duas manhãs atendendo pacientes no pronto-socorro de um hospital público de Joinville (SC), nos leitos de um salão enorme com cerca de 30, 50 leitos, um ao lado do outro, sem biombos ou separações, sem possibilidade de privacidade, mas ainda assim com a possibilidade de escuta e acolhimento.

Uma vez por semana, os acadêmicos que atendiam nas mais diversas áreas do hospital reuniam-se na faculdade para supervisão com uma professora, quando compartilhávamos nossas vivências, ouvíamos as dos colegas e recebíamos orientação de nossa supervisora.

O papel da professora supervisora nesse contexto era fundamental. Era a primeira experiência prática para todos nós. Não sabíamos como começar, como abordar o cliente, o que fazer, e nossa supervisora era quase como aquela pessoa que vai abrindo caminho em uma mata fechada e com sua lanterna potente ilumina a trilha para que, com essa claridade, nós alunos pudéssemos caminhar com mais segurança, enxergando por onde estávamos indo, para onde os caminhos levavam, quais eram as possibilidades de trajeto, os obstáculos, as dúvidas, as dificuldades: sempre ouvidos, instigados, esclarecidos, problematizados, confirmados.

Ainda na graduação, no último ano, fiz estágio de Psicologia clínica e supervisão semanal. Éramos um grupo de quatro alunas, cada uma atendia um cliente adulto e um infantil, e na supervisão relatávamos nossos atendimentos, discutíamos à luz da abordagem (meu estágio de atendimento adulto foi em Gestalt-terapia e o de infantil foi em Psicanálise) e recebíamos orientações. Foi um período de muito aprendizado, desenvolvimento e crescimento do meu ser terapeuta, que mais tarde contribuiu na construção do meu fazer enquanto supervisora.

➤ Primeiras experiências de supervisão depois de formada

Cada supervisor tem sua forma de dar supervisão. Acredito que a minha seja o resultado de todas as supervisões que tive, mas duas delas me marcaram profundamente.

"Abri" meu consultório na segunda-feira seguinte à minha graduação (um convite inesperado da irmã de uma amiga, que era psicóloga e estava em busca de alguém para dividir a sala), ainda não tinha sequer CRP (que logo foi providenciado), logo, não podia ter clientes. Mas tinha meu espaço, e imediatamente comecei a fazer supervisão quinzenal, mesmo sem ter ainda iniciado os atendimentos. Com certeza foi a melhor decisão que eu tomei, e incentivo meus alunos da graduação a fazerem o mesmo – Angela Hoepfner, minha primeira supervisora depois de formada, ajudou-me a me apropriar de meu lugar de terapeuta; incentivava-me a ir para o consultório em meus horários, mesmo quando não tinha clientes, e a ficar lá estudando, preparando-me, sentindo-me parte daquele lugar, para quando eles chegassem. Foi ela quem me ajudou a pensar no contrato terapêutico e me acompanhou durante algum tempo no início da carreira.

Muitas vezes, os recém-formados vêm para a supervisão apenas quando começam a atender, ou quando já estão há algum tempo atendendo. Porém, esse tempo de supervisão inicial, ainda sem clientes, podendo pensar meu fazer, podendo me ouvir, ir me sentindo terapeuta, foi uma experiência que fez realmente muita diferença. Com frequência, quando acabamos de nos formar, não sabemos sequer por onde começar ou por onde ir, e também é papel da supervisão este acolher.

Por outro lado, lembro-me de outra pessoa com quem fiz supervisão que me causava a sensação de que meus clientes faziam terapia com ela através de mim: eu relatava a sessão e ela me dizia o que e como fazer. No começo parecia muito bom; eu, recém-formada, tinha várias possibilidades, mas nenhuma delas havia saído de minha cabeça; era como se eu tivesse comprado algo pronto, tirado da prateleira e levado embora. Não me sentia em desenvolvimento, muito pelo contrário, sentia-me cada vez mais dependente dela, pois de certa forma "precisava dela para pensar". E assim, depois de pouco tempo, parei.

Essa experiência me fez pensar muito no que era supervisão e de que forma fazia sentido para mim. De modo que, quando me vi às vésperas de me tornar supervisora na graduação de Psicologia, coloquei-me a pensar como seria a supervisora que eu gostaria de ser.

➤ Supervisão na graduação

Muito de minha forma de ser supervisora na graduação, especialmente no início, foi influenciado por uma conversa/supervisão bastante generosa com Angela Schillings, em 2008, assim que eu soube que no ano seguinte seria supervisora na universidade. Angela acolheu-me e generosamente mostrou o caminho das pedras. Sou muito grata a ela por isso.

Foi ela quem me apresentou ao livro da Erthal[1], que iluminou meu caminho como supervisora, e chamou minha atenção para os quatro momentos que compõem o estágio de clínica, de acordo com sua percepção: grupo de estudo, atendimento psicoterapêutico, supervisão relatada – onde há conexão entre a prática (atendimento) e a teoria (grupo de estudos), com o cuidado de contemplar ambos – e treinamento – criar condições para que o aluno desenvolva habilidades pessoais, além do treino teórico-prático próprio da abordagem.

Ela também reforça que é tarefa do supervisor dar assistência à aprendizagem do iniciante e ser responsável pelo atendimento adequado ao cliente, além de dar ênfase às intervenções, tanto no tipo como na forma.

Além disso, Fernandes, Ciornai e Ferretti[2] também contribuíram muito na construção do meu "ser supervisora", reforçando o quanto o foco da supervisão precisa estar no crescimento do aluno/terapeuta, na relação que ele estabelece com o cliente e como esta pode beneficiar a ambos, bem como na relação que se estabelece entre aluno/terapeuta e supervisor.

A partir do que aprendi inicialmente com elas, e com base nas minhas vivências, quando penso em supervisão na graduação, gosto de pensar em mim enquanto artesã. Cada aluno tem suas características, suas possibilidades, sua forma própria de ser terapeuta. Vejo meu trabalho como artesanal (e não como uma linha de produção), pois ao final do processo, ao final de 1 ano de estágio de clínica e supervisão, meu objetivo é que os alunos saiam, não todos da mesma forma (ou seria da mesma "fôrma"?), mas individualmente lapidados, com estilo aprimorado e apropriado do seu jeito, sua forma única de ser (Gestalt) terapeuta: mais seguros, mais confirmados, mais confiantes, mais *aware*, assim como mais preparados técnica e teoricamente, pois entendo que esses três pilares caminham juntos.

Tão importante quanto todo o processo de olhar para si e para sua forma de ser terapeuta é o processo de desenvolvimento técnico e teórico. Por conta disso, especialmente na graduação, existe um programa de leituras que considero fundamental – levando em conta tudo que já estudaram no quarto ano, pois na universidade em que leciono os alunos têm aula de Gestalt-terapia ao longo de todo o quarto ano, e no quinto ano eles têm o estágio de clínica. São, portanto, 2 anos dedicados à teoria para a construção do ser terapeuta.

A formação de um psicólogo inclui aspectos teóricos, técnicos e vivenciais, sem dúvida. Vou voltar ao quarto ano, pois nele os alunos começam a ter supervisão a cada bimestre, e no final de cada bimestre realizam uma simulação de atendimento em que um aluno faz o papel do terapeuta e o outro do cliente. Os alunos são orientados a escolher alguém da turma de quem não sejam muito próximos e a compartilhar uma demanda real, porém algo que não seja "o tema" de sua existência. Iniciamos com uma sessão de 30 minutos no primeiro bimestre, 40 no segundo, 50 no terceiro, e no quarto bimestre fazemos essa simulação com acadêmicos do primeiro ano no papel de clientes. Os alunos são orientados a trabalhar de acordo com o conteúdo estudado até aquele momento.

Antes de descrever essa atividade, gostaria de compartilhar o conteúdo teórico trabalhado com esses alunos, pois considero que esse embasamento é de fundamental importância para uma excelente prática clínica.

No primeiro bimestre, trabalhamos o histórico da Gestalt-terapia[3], suas bases filosóficas[4,5] e teorias de base[6-8]. No mesmo bimestre ainda é realizada a leitura do livro *A arte de restaurar histórias*[9], onde Jean Clark Juliano nos apresenta carinhosamente o ofício de ser terapeuta.

No segundo bimestre, trabalhamos o corpo conceitual da Gestalt-terapia, abordando os temas *awareness*[10], contato[10], fronteira e funções de contato, processo do contato e ajustamento criativo[11,12]. Nesse bimestre ainda é realizada a leitura do livro *Cartas a um jovem terapeuta*[13], em que o autor discute vários aspectos, entre os quais alguns polêmicos, relacionados com o trabalho do psicólogo clínico.

No terceiro bimestre, trabalhamos os temas *saúde e doença na Gestalt-terapia*, começando pela conceituação[14,15], *resistência e formas de contato*[10], *concepção de neurose em Gestalt-terapia*[16] e *diagnóstico processual*[17,18]. Também trabalhamos o *processo psicoterapêutico*, abordando a *relação dialógica*[19] e a *atitude fenomenológica e prática clínica*[5]. No mesmo bimestre, os alunos assistem a um filme e, seguindo um "roteiro", fazem a compreensão diagnóstica do "cliente" identificado no filme. Após entregarem a atividade escrita, é realizada uma supervisão, na qual cada grupo compartilha suas percepções das vivências à luz da Gestalt-terapia, e a professora vai dando supervisão para ampliar o olhar dos alunos para aquilo que aparece no "cliente, no campo, nas relações", bem como fazendo as amarrações com a teoria estudada até então.

No quarto bimestre, o foco está no atendimento infantil, e as leituras são baseadas no livro de Aguiar[20] (2005). Também é realizada a compreensão diagnóstica do livro *Dibs em busca de si mesmo*[21], bem como a supervisão da atividade em grupo. Nessa supervisão, assim como na realizada no terceiro bimestre, cada grupo compartilha suas percepções e a professora vai trabalhando com a turma as percepções do caso, as amarrações teóricas, a discussão do atendimento da terapeuta, e assim por diante.

Bem, após essa contextualização teórica e de como a supervisão é trabalhada em outros contextos, voltamos para as simulações de atendimentos, carinhosamente chamadas de *roleplay*. Então, após a sessão, cada um faz um relato pessoal de sua vivência, em que o acadêmico que desempenhou o papel de terapeuta vai descrever como se sentiu atendendo o cliente, quais fantasias, medos, preocupações, ou não, o que o surpreendeu, no que sente que precisa focar para desenvolver-se mais, o que o orgulhou, gostou, assim por diante. O acadêmico que fez o papel de cliente descreve como se sentiu ao ser atendido por esse terapeuta – o que foi bom, aspectos positivos, o que não foi tão bom – e relata sua experiência no atendimento. Após registrarem por escrito suas experiências, compartilham suas vivências com o colega. Na sequência, invertem os papéis e passam por todos os passos novamente. Essa atividade é realizada fora do horário de aula, sendo recomendado que cada atendimento seja feito em dias diferentes. No cenário de pandemia essas simulações eram feitas *online*, possibilitando ao aluno experimentar, também, essa modalidade de atendimento.

Na aula seguinte é realizada a supervisão em grupo. Cada um compartilha no grupo sua vivência, e essa é uma supervisão focada exclusivamente na vivência do terapeuta: do que percebeu de si, do que se deu conta, como se sentiu, quais foram as dificuldades, enfim, compartilha sua vivência e as reflexões que havia escrito.

Essa atividade é muito interessante por dois aspectos: primeiro porque na maioria dos casos os alunos se surpreendem positivamente com seus desempenhos e costumam ficar muito felizes por estarem no lugar de terapeuta e ver que "já dão conta"", como costumam falar. O outro aspecto consiste em perceber que os medos, as dificuldades e as preocupações são muitas vezes comuns. Poder ouvir um colega compartilhando que ficou muito ansioso, que a voz tremeu, entre outras coisas, é para eles muito reconfortante, um sentimento de pertencimento, de não estar sozinho. É lindo ver esse processo bimestre a bimestre, eles podendo perceber a evolução, dando-se conta de onde podem se desenvolver melhor e conseguindo se superar no bimestre seguinte.

Até que chega o quarto bimestre e eles atendem o "primeiro cliente": um aluno do primeiro ano. Essa é a primeira vez que atendem alguém que não conhecem, e eles costumam levar muito a sério a atividade, que resulta em relatos de que se sentem "muito psicólogos". Após a atividade, vem a supervisão em grupo, em que há novamente o compartilhamento das vivências. Como no ano seguinte estarão no estágio de clínica do último ano da faculdade, costumam estar muito ansiosos nessa fase, e a atividade normalmente os deixa muito confiantes. Compartilho esse relato do quarto ano por considerar importante pensarmos a atividade de supervisão não apenas como algo que fazemos com os profissionais já formados ou com os alunos do último ano da faculdade ou da pós-graduação. Essa atividade já pode ser realizada com acadêmicos no quarto ano da faculdade (ou antes). Falo de minha experiência, que é a de professora de quarto e quinto anos, e com ótimos resultados. Tenho percebido o quanto isso permite que os alunos constatem desde cedo a importância da supervisão – não só porque os professores falam, mas pelas próprias vivências.

No quinto ano, os alunos vão iniciar o atendimento na clínica, e o cronograma de leituras é pensado de acordo com os momentos que vivenciarão para que tenham suporte teórico e para a discussão nas supervisões. Antes de serem liberados para os atendimentos, todos os alunos passam por uma simulação de atendimento no próprio Serviço de Psicologia da universidade, na qual um é o terapeuta e o outro é o cliente, e os demais alunos (do subgrupo de supervisão), juntamente com a supervisora, assistem ao atendimento.

Após a simulação, é feita a supervisão, na qual inicialmente o cliente relata como se sentiu ao ser atendido pelo terapeuta e dá o *feedback* para o terapeuta; em seguida, o terapeuta compartilha sua vivência, e então cada aluno do grupo compartilha suas percepções – o que o tocou, o que lhe chamou a atenção, que outro caminho seria possível para ele – e finalmente a supervisora faz as pontuações necessárias. À medida que vão passando por essa experiência, eles vão sendo liberados para o atendimento. Eventualmente, quando se percebe que algo ainda precisa ser mais desenvolvido antes do início dos atendimentos, procede-se à orientação do aluno, que no final da rodada das simulações volta a fazer mais uma simulação.

Percebo, com essas simulações, que os alunos se sentem mais seguros, apropriando-se do "lugar" de terapeuta, identificando suas potencialidades e suas fragilidades, e tendo clareza sobre o que precisam desenvolver para se tornarem terapeutas. Com isso o aluno vai identificando suas possibilidades, e também lhe é dado tempo para começar a atender – assim que se sentir seguro e disponível.

Na supervisão, é importante focar em como ele se sentiu ao atender essa pessoa: olhar primeiro para o aluno; depois, para a pessoa que ele atende. Ele traz suas dificuldades e facilidades. Acolher as dificuldades com delicadeza e firmeza. Olhar o que tem de saudável e o que tem de possibilidades. "Olhando para isso que tem agora, o que você acha que dá para fazer?" É importante que o aluno tenha um caderno para fazer o registro no fim da supervisão, identificando o que pôde perceber de si durante a supervisão: o que tem de positivo e o que precisa desenvolver; o que já tem disponível e o que precisa lapidar. Ao supervisor, cabe também dar suporte e confirmar.

Fernandes, Ciornai e Ferretti[2] nos lembram de que "muitas vezes, os alunos querem receitas, perguntam 'que técnica devo aplicar?', mas, quando aprendem a ter um pensamento terapêutico mais desenvolvido, percebem que não há receitas únicas nem prontas".

A supervisão é composta por aspectos: teórico, técnico e vivencial. Para isso há um cronograma de leituras com textos abordando tanto o atendimento infantil como o adulto.

Nos textos sobre o atendimento adulto, começamos com um belíssimo ensinamento da querida Jean[22], em "O terapeuta no centro da cena – um convite: vamos pensar juntos?", que nos traz um olhar para o ser e o fazer do terapeuta.

Na sequência, trabalhamos o contrato terapêutico sob a ótica de vários Gestalt-terapeutas brasileiros que abordam essa temática sob diversos ângulos, possibilitando ao aluno escolher o que faz mais sentido para ele[23-26].

Algumas leituras realizadas no quarto ano são resgatadas, pois nesse momento os alunos já estão em atendimento e passam a ver na prática com os clientes aquilo que viram "apenas" na teoria – e nas simulações de atendimento com colegas – no ano anterior. Esse resgate da teoria tem se mostrado importante, pois os próprios alunos percebem e relatam a diferença na compreensão dos conceitos tanto em razão da releitura como por estarem vivenciando na prática. Temas resgatados: *resistência e formas de contato*[10], *concepção de neurose em Gestalt-terapia*[16] e *diagnóstico processual*[17,18] e, por fim, *relação dialógica*[19].

São ainda abordados temas como a *face existencial da Gestalt-terapia*[4], *atitude fenomenológica e prática clínica*[5], *cura: o que é isso?*, *aqui-e-agora e contato*[8], *o experimento: a postura fenomenológica*[8] e *término e interrupções da relação psicoterapêutica em Gestalt-terapia*[28].

Com relação ao atendimento infantil, trabalhamos inicialmente a perspectiva de desenvolvimento em Gestalt-terapia com crianças[20,29,30], depois a compreensão diagnóstica com crianças[20,31] e o processo terapêutico com crianças[20,31-33], bem como com temas relacionados à família sob a perspectiva da Gestalt-terapia[20,34], sessão com pais[20], o trabalho com os responsáveis e a escola[20,31] e o término da psicoterapia[20].

Observa-se o quanto, a partir das leituras do quinto ano, os alunos vão amarrando a teoria aos atendimentos que estão realizando ou monitorando como forma de ir associando a teoria à prática.

Ao longo do quinto ano, os alunos ainda constroem a compreensão diagnóstica dos clientes e vão complementando-a a cada bimestre. Além dos dados de identificação do cliente e constituição familiar, descrevem ainda o que aparece na fronteira de contato (*o que impacta*; *o conteúdo e a forma do discurso*; *corpo: energia, sofrimento, postura, aparência*; *sentimentos: afetividade ou bloqueio dela*; *coerência ou incoerência desses aspectos*), qual a queixa, o que o cliente busca na terapia, repetições, associações, omissões, sintomas (possíveis deformações da expressão da necessidade inicial), o que impediu ou impede o fechamento da Gestalt, formas específicas de interrupção do processo de contato que aparecem na relação com o terapeuta e nos relatos do cliente, a satisfação possível alcançada pelo cliente em suas interrupções; fundo: história de vida, relações primárias significativas, sucessos e insucessos na vida amorosa, profissional, afetiva, entre outros.

A partir disso, descrevem o que percebem de saudável no funcionamento do cliente, as formas disfuncionais de contato, a interrupção ou interrupções mais evidentes e como tiveram essas percepções e de que maneira essa Gestalt pode se completar e restaurar no indivíduo a possibilidade de crescimento e desenvolvimento. Os tópicos para a construção dessa compreensão diagnóstica foram inspirados, entre outros, em um modelo de relatório generosamente compartilhado por Lilian Meyer Frazão em uma conversa sobre minhas inquietações acerca desses relatórios na graduação, assim como em seu artigo sobre *compreensão diagnóstica processual*[17].

Os alunos que atendem crianças estudam ainda as categorias e critérios diagnósticos propostos por Aguiar[20]. Vejo esse exercício como uma excelente maneira de desenvolver o pensamento diagnóstico processual, tão precioso para a Gestalt-terapia.

Erthal[1] considera que esse treinamento deve "dar condições para o iniciante desenvolver habilidades pessoais, além do evidente treino teórico-prático próprio da abordagem que escolhe abraçar".

Além disso, também é importante que a supervisão seja um espaço em que os alunos possam encontrar apoio e haja a possibilidade de crescimento, de compartilhar, além dos problemas, o que tem feito bem; que o supervisor indique o que o aluno está fazendo bem, reconheça e incentive seu estilo, promovendo o desenvolvimento do pensamento clínico, uma profunda compreensão "das dinâmicas internas e inter-relacionais dos clientes por meio do que vai ocorrendo e do que eles vão nos contando"[2].

➤ Supervisão na especialização

Na especialização, todos já são psicólogos formados quando chegam à fase de supervisão relatada. Normalmente, ela ocorre em grupos de quatro a cinco alunos, e o trabalho é realizado em duas frentes: a supervisão propriamente dita, trabalhando com o terapeuta, e o desenvolvimento dos supervisores terapeutas. À medida que um deles relata uma situação, antes de fazer a intervenção, dou oportunidade para o grupo se manifestar sobre o que os toca, o que lhes chama a atenção, o que gostariam de perguntar e o que os impacta, possibilitando e estimulando o desenvolvimento desse olhar dos colegas, e pensar possibilidades no atendimento, porém com o olhar mais voltado para o terapeuta.

Não é muito diferente de quando já estão formados e buscam supervisão. Como a supervisão é endereçada ao terapeuta, peço que fiquem à vontade e que indiquem se faz sentido para eles dessa forma ou não, porque entendo que não há como olhar para o atendimento ou para aquele cliente se não olharmos de que modo aquilo toca o terapeuta.

Na maior parte das vezes é com isso que trabalhamos: os introjetos, os medos, as fantasias, em que momento se interrompe... Também gosto de trabalhar com a indicação de leituras, pois assim o próprio terapeuta vai desenvolvendo seus recursos, vendo suas possibilidades, identificando seus limites para, a partir daí, exercer sua prática. Considero essa parte das leituras um aspecto muito importante para que também possam ser trazidos recursos técnicos, de modo que eles possam ampliar ainda mais seu potencial nos atendimentos. Ao mesmo tempo, busco instrumentalizar teórica e tecnicamente o terapeuta.

Erthal[1] considera a supervisão uma maneira de

> [...] avaliar, corrigir e refletir sobre sua experiência; é dar ao psicoterapeuta iniciante, e eventualmente ao psicoterapeuta experiente, de forma sistemática, o contexto de relação apropriado à reflexão sobre a situação terapêutica. Baseado na experiência, o supervisor reflete junto com o supervisando, na relação de supervisão, a relação terapêutica – não apenas a que foi vivida, mas também a que está sendo vivida naquele momento, refletindo, desta forma, no aqui e agora, a relação na relação.

Fernandes, Ciornai e Ferretti[2] reforçam a importância da relação, uma vez que: "Se é necessário suporte para que a relação terapêutica aconteça, também na supervisão isso é importante para que o terapeuta possa crescer."

Papel do supervisor e supervisão

A meu ver, não é papel do supervisor apresentar respostas prontas, entregar possibilidades, mas ampliar a visão: creio que daí venha o termo supervisão. Ampliar a visão: a visão que o terapeuta tem do cliente, do processo, da demanda, das dificuldades. Também amplia a visão de sua cota nessa relação cliente-terapeuta, nesse todo que se forma.

Na maioria das vezes, o terapeuta está tão focado no que acontece com o cliente, sua forma e conteúdo, suas interrupções, emoções, expressões e tudo mais do universo do cliente, que esquece que ele, o terapeuta, também faz parte desse todo chamado relação terapêutica, e como é importante também olhar e considerar essa parte do todo!

Como esse cliente me toca? O que provoca em mim? Será que isso toca em algo meu? Algo pessoal? Ou será que isso pode falar sobre algo que ele provoca no meio? Muitas vezes, os clientes trazem situações muito parecidas com nossas vivências, e é necessário que o terapeuta perceba quais "ressonâncias aquele cliente lhe provoca, o que esse cliente traz que pode ser identificado nele, ou seja, o que na vida do terapeuta é semelhante e possivelmente pode estar causando, além de empatia, uma certa cegueira"[2], o que ressalta a importância de olhar para o terapeuta.

Vejo muitas vezes em supervisão que os terapeutas desconsideram essa preciosidade que é o "como sou tocado por esse cliente" – tanto em terapeutas para quem dou supervisão como em algumas experiências em que busquei supervisão.

Repito que a supervisão não é do cliente ou para o cliente. A supervisão é do terapeuta e para o terapeuta. O terapeuta vai olhar e entrar em contato com algo seu, sua forma, seu olhar – trata-se de um exercício de ampliação de *awareness* para o terapeuta: como eu olho para esse cliente? Como sou tocado por esse cliente? O que isso diz de mim? Quais são as minhas fantasias, os meus introjetos? O que me impede de fazer determinada intervenção, estabelecer determinados limites, terminar a sessão no horário, manter o silêncio, aumentar o valor da sessão, falar de determinados assuntos, aprofundar determinados temas?

Será que há confluência ou consigo me diferenciar? Quais são os meus introjetos? Em que situações eu projeto? Quando faço uso da retroflexão? Ajustamentos egotistas? Fazemos uso deles o tempo todo. Tudo isso pode se dar de forma saudável ou interrompida, com ou sem *awareness*[16].

Quais introjetos sobre ser terapeuta, por exemplo, eu tenho? Meus introjetos, especialmente quando não tenho *awareness* deles, podem interferir em meu contato com o cliente. Esse é um dos aspectos importantes na supervisão.

Awareness dos introjetos do terapeuta: "não interrompa quando estão falando"; "se eu fizer 'isso', sou um terapeuta ruim"; "um terapeuta bom faz 'assim'..."; e assim vamos nos interrompendo, saindo do contato, deixando de fazer o que precisa ser feito por estarmos presos a nossos introjetos.

Então, o terapeuta traz uma situação de determinado cliente e a partir disso vamos ampliando a visão do terapeuta a respeito de si próprio: de que forma ele é tocado; suas possibilidades e impossibilidades com aquele cliente; o que tem de seu no campo. É necessário confirmar o terapeuta e ampliar a *awareness* do que acontece com ele durante o atendimento com determinado cliente.

A supervisão consiste em orientação da prática clínica, ou seja, do que o profissional precisa para se fortalecer para atender determinado cliente. Não supervisionamos quem a pessoa atende. Supervisionamos a própria possibilidade do terapeuta de estar, o que o impede, o que ele sente[35].

As dificuldades que mais percebo nas supervisões, independentemente da modalidade, são lidar com o silêncio, o choro do cliente, interromper o cliente, encerrar a sessão, falar sobre aspectos financeiros e introjetos sobre "ser bom terapeuta".

Além disso, em algumas situações, o terapeuta relata dificuldade para entender o cliente. Com relação a isso, Fernandes, Ciornai e Ferretti[2] pontuam que nessas situações procuram "ver onde, na vivência dele, ele teve sentimentos semelhantes, mesmo que não tenha sido com a mesma intensidade, do mesmo jeito".

No livro *Percursos em arteterapia*[36], em um capítulo sobre supervisão em arteterapia, Fernandes, Ciornai e Ferretti[2] discutem vários aspectos importantes para a supervisão nessa modalidade. Como muitos deles são preciosos para qualquer tipo de supervisão clínica, gostaria de compartilhar alguns, pois contribuíram muito e influenciaram minha forma de dar supervisão:

- Observar de que maneira o supervisionando se vê como profissional e o que pode ser trabalhado nesse sentido.
- Estimulá-lo a contar além dos problemas, a descrever o que está fazendo e o que percebe que está dando certo.

- Apontar o que está fazendo bem e reconhecer e incentivar seu estilo próprio.
- Dar suporte para que cresça. Aprofundar a compreensão sobre necessidades, processos e dinâmicas dos clientes.
- Observar os objetivos terapêuticos em cada momento para cada cliente, bem como as possibilidades e limitações.
- Ouvir o que ele está percebendo, por onde acredita que deva ir, e, a partir disso, qual deve ser o foco no momento: expansão, restrição, desenvolver mais criatividade, focar o conteúdo – pensar junto com o supervisionando[2].
- Dar um bom acolhimento.
- Buscar algo positivo de modo a mostrar que ele está acertando em algo para depois descrever o que ele precisa melhorar, refletir e buscar.
- Aceitar o caminho escolhido, buscando, compreender a escolha desse caminho: se ele seguiu um caminho, acredito nesse caminho por confiar nele como profissional, confiar nos recursos que ele possui.
- Compreender o sentido que faz para aquele supervisionando percorrer determinado caminho e ser firme quando entender que será necessário mudar.
- Possibilitar que ele reflita sobre o que está fazendo, os caminhos possíveis, para que ele próprio possa ter clareza a respeito do que está fazendo e pelo que está fazendo.
- Trazer o olhar e a experiência não como "palavra final, mas como contribuição de alguém mais experiente, que pode ver as coisas de outra perspectiva"[2].

Para que o aluno ou terapeuta mantenha-se atento durante o atendimento, é importante pontuar a respeito das ressonâncias que o cliente provoca nele, se o conteúdo que o cliente traz pode ser identificado na vida dele (algo na vida do terapeuta que seja semelhante e interfira em seu olhar), como ele se sente em relação ao cliente, os sentimentos que este desperta no terapeuta, o que o olhar ou a fala suscita no terapeuta, as impressões que a postura e o jeito de vestir do cliente causam no terapeuta, bem como alguma sensação corporal evocada no contato com ele[2].

Além disso, convém observar como ele se sentiu ao atender essa pessoa, seu autossuporte, cuidar para não dar dicas durante o atendimento, para não apressar o cliente, e prestar atenção na primeira fala dele.

O mais importante, porém, após ter observado tudo que foi descrito, é que cada um deve identificar seu jeito próprio de ser terapeuta, de ser Gestalt-terapeuta.

Considerações finais

Lembro como a supervisão foi importante em cada fase da construção do meu ser terapeuta e hoje, como supervisora, tenho o privilégio de acompanhar a construção de cada aluno e psicólogo supervisionando. Sinto-me grata pela confiança em mim depositada. É necessária muita confiança e entrega para abrir o coração e expor as fragilidades e compartilhar dúvidas, medos e incertezas.

A supervisão de alunos, com certeza, difere da direcionada aos profissionais: com os alunos há certa hierarquia, enquanto com os psicólogos há uma troca entre iguais.

Considero belíssima essa descrição de Cytrynowicz[37] sobre o fazer do terapeuta:

> [...] é tarefa primordial do terapeuta zelar pelo desabrochar da riqueza humana, isto é, estar constantemente atento para o desvelamento do poder ser, próprio de cada paciente. Não é o terapeuta quem deve indicar o que é próprio de cada paciente – isto é até um contrassenso ao sentido mesmo de próprio.

> O terapeuta deve atuar como um jardineiro que cultiva uma planta. O jardineiro não produz a planta como se produz um automóvel, não cria a terra nem a semente, nem planeja os passos que devem ser seguidos pela planta para atingir a maturidade, florir e frutificar. Ele somente cria melhores condições de solo, abriga a muda quando muito pequena, contra condições climáticas adversas, protege-a na medida do possível contra os insetos, livra-lhe a área de crescimento para que ela não morra por falta de espaço ou luz. Mas não é ele que a faz crescer. O crescimento da planta é dela própria. É ela que absorve o alimento do solo e principalmente é ela quem deita suas raízes próprias.

Não consigo olhar para essa descrição sem pensar no quanto ela se encaixa com perfeição quando trocamos as palavras terapeuta por supervisor. É tarefa do supervisor zelar pelo desabrochar da riqueza do terapeuta, ou seja, estar constantemente atento para o desvelamento próprio de cada um. Não é o supervisor quem indica o que é próprio de cada terapeuta – o que seria um contrassenso ao sentido mesmo de próprio – o supervisor deve atuar como um jardineiro que cultiva uma planta. E aí podemos seguir a história pensando naquele que está em supervisão.

> [...] Da mesma forma, não é o terapeuta quem cria o indivíduo, nem quem o molda ou modifica, ele somente acompanha ... e cuida.
>
> [...] o terapeuta deve auxiliar o paciente a desvelar as próprias possibilidades. No entanto, estas possibilidades não são ilimitadas e isso nunca deve ser esquecido. Alguém somente pode se desenvolver enquanto o homem que é. Desta forma a atuação do terapeuta é limitada não somente pela sua própria condição, mas também pelas possibilidades do paciente[38].

Aqui eu diria, da mesma forma, que não é o supervisor quem cria o psicólogo, nem quem o molda ou modifica, nós apenas acompanhamos, e cuidamos. Nós devemos auxiliar o aluno ou profissional a desvelar as próprias possibilidades. Assim como acontece com nossos clientes, com os supervisionandos as possibilidades não são ilimitadas, e não devemos esquecer isso. Permitir que ele se desenvolva, aprimore sua forma de ser terapeuta, sem imprimir a forma do supervisor, é tarefa importantíssima, respeitando suas condições e possibilidades e levando em consideração sua trajetória profissional.

Confesso que me emocionei em vários momentos ao relembrar minha trajetória no universo da supervisão, desde o primeiro momento até hoje. Lembrar-me da generosidade de tantos Gestalt-terapeutas que passaram por meu caminho e contribuíram na formação da terapeuta e supervisora que hoje eu sou deixa meu coração aquecido e repleto de gratidão.

Por fim, gostaria de terminar este compartilhar com uma música que me acompanhou ao longo dessa construção e que para mim descreve com maestria a relação entre aluno/terapeuta e supervisor:

Essa não é mais uma carta de amor
São pensamentos soltos
Traduzidos em palavras
Pra que você possa entender
O que eu também não entendo

Amar não é ter que ter
Sempre certeza
É aceitar que ninguém
É perfeito pra ninguém
É poder ser você mesmo
E não precisar fingir [...]

Sei que nunca fui perfeito
Mas com você eu posso ser
Até eu mesmo
Que você vai entender

Posso brincar de descobrir
Desenho em nuvens
Posso contar meus pesadelos
E até minhas coisas fúteis [...]
Posso fazer o que eu quiser
Posso perder o juízo
Mas com você
Eu tô tranquilo, tranquilo

(Jota Quest – Carta de Amor)

Referências

1. ERTHAL, T.C.S. Treinamento em psicoterapia vivencial. Campinas: Livro Pleno, 1995.
2. FERNANDES, M.B.; CIORNAI, S.; FERRTTI, V.M.R. Supervisão em arteterapia: um diálogo entre Myriam Bove Fernandes, Selma Ciornai e Vera Maria Rossetti Ferretti. In: Ciornai S. (org.) Percursos em arteterapia: arteterapia gestáltica, arte em psicoterapia, supervisão em arteterapia. São Paulo: Summus, 2004: 241-78.
3. KIYAN, A.M.M. E a Gestalt emerge: vida e obra de Frederick Perls. São Paulo: Altana, 2001: 36-100.
4. CARDOSO, C.L. A face existencial da Gestalt-terapia. In: FRAZÃO, L.M.; FUKUMITSU, K.O. Gestalt-terapia: fundamentos epistemológicos e influências filosóficas. São Paulo: Summus, 2013: 59-75.
5. HOLANDA, A.F. Fenomenologia e Humanismo: reflexões necessárias. Curitiba: Juruá, 2014: 41-71.
6. MARTÍN, Á. Manual prático de psicoterapia Gestalt. Petrópolis: Vozes, 2008: 15-25.
7. RIBEIRO, J.P. Gestalt-terapia: refazendo um caminho. São Paulo: Summus, 1985: 88-103.
8. RODRIGUES, H.E. Introdução à Gestalt-terapia: conversando sobre os fundamentos da abordagem gestáltica. Petrópolis: Vozes, 2000: 111-9.
9. JULIANO, J.C. A arte de restaurar histórias. São Paulo: Summus, 1999.
10. POLSTER, E.; POLSTER, M. Gestalt-terapia integrada. São Paulo: Summus, 2001: 67-109.
11. RIBEIRO, J.P. Vade-mécum de Gestalt-terapia: conceitos básicos. São Paulo: Summus, 2006: 64-8.
12. ZINKER, J. O processo criativo em Gestalt-terapia. São Paulo: Summus, 2007: 113-33.
13. CALLIGARIS, C. Cartas a um jovem terapeuta: reflexões para psicoterapeutas, aspirantes e curiosos. São Paulo: Elsevier, 2004.
14. NUNES, A.N. Transtornos alimentares na adolescência: depoimentos das adolescentes, Gestalt-terapia e pesquisa. Curitiba: Juruá, 2010: 109-27.
15. POLITO, F.M. A polaridade saudável do processo do adoecer. 2005. Disponível em: http://fronteirasgestalticas.blogspot.com/2010/03/polaridade-saudavel-do-processo-do.html.
16. SCHILLINGS, A. concepção de neurose em Gestalt-terapia. Vol. 2. In: FRAZÃO, L.M.; FUKUMITSU, K.O. Gestalt-terapia: conceitos fundamentais. São Paulo: Summus, 2014: 193-215.
17. FRAZÃO, L. O pensamento diagnóstico em Gestalt-terapia. Revista de Gestalt, São Paulo, 1991; 1.
18. PIMENTEL, A. Psicodiagnóstico em Gestalt-terapia. São Paulo: Summus, 2003.

19. HYCNER, R. De pessoa a pessoa: psicoterapia dialógica. São Paulo: Summus, 1995: 55-80.

20. AGUIAR, L. Gestalt-terapia com crianças: teoria e prática. Campinas: Livro Pleno, 2005: 25-44.

21. AXLINE, V.M. Dibs em busca de si mesmo. Rio de Janeiro: Agir, 1986.

22. JULIANO, J.C. O terapeuta no centro da cena – um convite: vamos pensar juntos. Acervo pessoal. 2000.

23. D'ACRI, G.C.M.R.M. Reflexões sobre o contrato terapêutico como instrumento de autorregulação do terapeuta. Revista Abordagem Gestalt [online] 2009; 15(1):42-50. Disponível em: http://pepsic.bvsalud.org/scielo.php?script=sci_arttext&pid=000100007&lng= = S1809-68 672009pt&nrm=iso&tlng=pt.

24. IGNÁCIO Jr., A. A primeira entrevista na clínica em Gestalt-terapia. Revista de Gestalt, São Paulo, 1995; 4:55-61.

25. LIMA FILHO, A.P. O contrato terapêutico. Revista de Gestalt, São Paulo, 1995; 4:75-86.

26. ROSA, L. Cont(R)ato terapêutico na clínica gestáltica. Aw@re Revista Eletrônica 2011; 2(1):44-9. Disponível em: http://www.aware.psc.br/V2N1/04ARTIGOSV2N1 Luciana.pdf.

27. RIBEIRO, W. Existência x Essência: desafios teóricos e práticos das psicoterapias relacionais. São Paulo: Summus, 1998

28. FUKUMITSU, K.O. Término e interrupções da relação psicoterapêutica em Gestalt-terapia. In: FRAZÃO, L.M.; FUKUMITSU, K.O. A clínica, a relação psicoterapêutica e o manejo em gestalt-terapia. São Paulo: Summus, 2015: 149-62.

29. ANTONY, S. A criança em desenvolvimento no mundo: um olhar gestáltico. IGT na Rede. 2006; 3(4). Disponível em: https://www.igt.psc.br/ojs/viewarticle.php?id=63&layout=html.

30. SOARES, L.L.M. Um convite para pensar sobre desenvolvimento em Gestalt-terapia. IGT na Rede 2005; 2(3). Disponível em: https://www.igt.psc.br/ojs/viewarticle.php?id=58&layout=html.

31. ANGERAMI-CAMON, V.A. O atendimento infantil na ótica fenomenológico-existencial. São Paulo; Thompson, 2004.

32. RODRÍGUEZ, L.F. La psicoterapia Gestalt infantil: una guía metodológica para el terapeuta. Perspectivas Psicológicas 2005. Disponível em: https://psicopedia.org/wp-content/uploads/2013/11/gestalt-infanica-guia-metodologica.pdf.

33. ZANELLA, R. Gestalt-terapia com crianças: o encontro cliente-terapeuta, criança-terapeuta, terapeuta-criança. Revista do IV Encontro Goiano da Abordagem Gestáltica, Goiânia, 1998.

34. FERNANDES, M.B. Trabalho com crianças, adolescentes e famílias em Gestalt-terapia. Revista do II Encontro Goiano de Gestalt-Terapia, Goiânia, 1996; II(2).

35. SCHILLINGS, A. Os sofrimentos emocionais agravados (curso on-line – anotações de aula). Florianópolis, 2020.

36. CIORNAI, S. (org.) Percursos em arteterapia: arteterapia gestáltica, arte em psicoterapia, supervisão em arteterapia. São Paulo: Summus, 2004.

37. CYTRYNOWICZ, D. apud REHFELD, A. A prática clínica fenomenológico-existencial. Revista de Gestalt 2000, Sedes Sapientiae. 1997. Disponível em: http://fenoegrupos.com.br/JPM-Article3/pdfsrehfeld_ pratica_clinica.pdf.

38. REHFELD, A. A prática clínica fenomenológico-existencial. Revista de Gestalt 2000, Sedes Sapientiae. 1997. Disponível em: http://fenoegrupos.com.br/JPM-Article3/pdfs/rehfeld_pratica_clinica.pdf.

6

REFLEXÕES SOBRE O PROCESSO DE SUPERVISÃO EM GESTALT-TERAPIA

Mauro Figueiroa

Andei lendo algumas coisas enquanto pensava em como desenvolver este texto, coisas variadas, buscando no *google* artigos sobre o tema, fuçando a estante de livros, abrindo alguns ao acaso, lendo trechos aleatoriamente. Quando me dei conta do que estava fazendo, pareceu-me que eu queria encontrar em algum lugar aquilo que eu quero dizer, mas que ainda não sei muito bem o que é nem como. Como se a experiência de "supervisão" que tenho não fosse suficiente para eu dizer algo que valha a pena. Redescubro, assim, algo já sabido e esquecido: tenho que falar a partir de mim mesmo, de como eu vivo e entendo o que vivo no trabalho de supervisão. Esse é também um aspecto da supervisão e da psicoterapia: você é seu principal instrumento de trabalho e, a meu ver, esse é um aspecto da maior relevância no exercício da supervisão.

Escrevo a partir de minha experiência de muitos anos como supervisionando e supervisor; além disso, com conhecimento teórico e técnico, geral e específico que anos de estudo promoveram, além das experiências clínicas vividas.

Escrever este texto me é perturbador e revelador, me provoca a falar de mim e do meu mundo, me expor aos leitores e a mim mesmo.

Preciso me mostrar para ser visto, preciso me esconder para me sentir protegido, e esse é um dos conflitos que vivemos desde muito cedo na vida. Vivenciamos ele de diferentes formas em nossas relações com o mundo e, muitas vezes, onde eu me mostro é também onde eu me escondo, mas, de vez em quando, eu me encontro fora desse lugar.

Aqui, escrevendo este texto, experimento isto. Muitas vezes, no processo criativo, quando faço melhor é quando não sei muito bem o que estou fazendo e esse conflito – mostrar-se/esconder-se – não se faz mais presente. Não deixo de pensar, escolher, rever; às vezes, sai mais contínuo; outras, vai aos pedaços e tenho de ficar arrumando. Esse é um dos aspectos com os quais nos deparamos nos processos de psicoterapia e de supervisão.

Na supervisão, quando falamos de nossos atendimentos e entendimentos, o fazemos explorando essa fronteira entre o que é possível revelar e o que precisamos guardar de nós mesmos, fronteira essa que se expande conforme vamos reconhecendo e nos apropriando da experiência vivida. É nesse processo que o sentimento de confiança vai se estabelecendo, é um fiar com cada um contribuindo com seu fio, tecendo uma rede comum para capturar sentidos que em nosso fazer solitário escapam.

Mas, o que eu vou falar? Se eu for me ater ao que acontece, é muito simples: o supervisionando apresenta o caso; o supervisor faz algumas perguntas; segue-se um diálogo, às vezes uma exploração mais dirigida, uma troca de ideias, e pronto. Quando em grupo, quem quiser comenta alguma coisa; pode ser uma impressão, uma curiosidade, uma associação, e por aí vai. Acabou, e cada um volta para seus consultórios e clientes. Passado um tempo, todos se reúnem novamente e repetem o mesmo ritual.

A supervisão não deixa de ser uma espécie de ritual, e a psicoterapia também pode ser assim considerada. Um ritual de confirmação de nosso trabalho como psicoterapeutas, onde restauramos nossa crença de que o que fazemos faz diferença, abre novas possibilidades.

O processo, tanto da supervisão como da psicoterapia, não é dado *a priori*; é um caminho feito ao caminhar; isso vale para o cliente, para o terapeuta e para os participantes da supervisão. Nessa trilha, ninguém passou antes, temos de desbravá-la. Sabemos de outras trilhas já percorridas, por nós e por outros, e isso ajuda bastante, mas andar em terreno desconhecido é melhor quando temos companhia. Na supervisão, nós nos acompanhamos no trajeto de cada um, confirmando, estimulando, apoiando, respaldando, não exatamente as escolhas de seguir para um lado ou para outro, mas o fato de estar lá, caminhando no escuro, junto a seu cliente e correndo os riscos inerentes.

Não quero dizer com isso que esse trabalho é um sofrimento, não, são muitos os momentos de alegria e satisfação, mas a primazia é da angústia, da frustração e da dificuldade. É uma jornada que exige entrega e cuidado, ritmo e paciência, humildade e ousadia, sorte e muita fé. Temos de acreditar que chegaremos em algum lugar melhor do que aquele de onde partimos e, para tal, contar com a companhia de colegas, que também realizam esse tipo de jornada, faz muita diferença.

Nesse percurso, nossa bussola é nossa intuição, nosso mapa é nossa sensibilidade e nosso método é a atenção.

Quando falamos em supervisão clínica, sabemos mais ou menos do que estamos falando porque reconhecemos uma estrutura básica que se constitui de alguns elementos fundamentais: o supervisor, o terapeuta e o cliente. Tem um lugar, um tempo e uma sessão de um terapeuta com seu cliente. Pode ser um grupo de supervisão e, nesse caso, tem o grupo com todas as suas características dinâmicas.

Eu poderia falar de modelos, cuidados, riscos e consensos que envolvem o fazer supervisão, elencar necessidades dos supervisionados e procedimentos recomendáveis que um supervisor pode fazer para auxiliar seus supervisionandos. Quem sabe pudesse falar de critérios que norteiam a ação do psicoterapeuta, mas não me vejo inclinado a isso; não que eu desconsidere sua importância e a necessidade de conferir ordenamento ao procedimento de supervisão. Outros têm feito isso muito melhor do que eu poderia. O que me move não é identificar cada uma dessas variáveis e suas possibilidades; prefiro me ater em como eu experiencio a supervisão; meu propósito é me aproximar daquilo que no senso comum é denominado "o espírito da coisa".

Fiquei pensando em como seria falar de supervisão para um leigo que desconhece esse recurso tão caro aos psicoterapeutas. Eu explicaria assim: você faz seu trabalho e depois você conta o que fez para uma pessoa ou um grupo de pessoas e elas fazem perguntas, falam de suas impressões, sentimentos, fantasias, imagens, conceitos, compreensões etc. Isso vai se compondo em um diálogo mais ou menos organizado pelo supervisor.

Na minha fantasia, a essa altura, esse ouvinte ignorante de supervisão me perguntaria: e para que serve isso? Uma resposta possível seria: serve para saber um pouco mais do que se faz, serve para ter outros entendimentos e até mesmo outras direções. Serve também para sabermos que não estamos sozinhos nessa missão, serve para mantermos nossa crença de que aquilo vale a pena, mesmo quando a alma está pequena. Serve para aceitarmos melhor o fato de que, por mais que nos dediquemos, nunca sabemos conclusivamente o que está acontecendo e seus desdobramentos só o saberemos, quando possível, algum tempo depois.

Não é que não saibamos nada, nós até sabemos, o problema é que, muitas vezes, logo percebemos que estávamos enganados.

O escritor e psicoterapeuta Irvin Yalom menciona uma experiência que realizou com uma cliente em psicoterapia – combinaram de fazer registros individuais sobre a sessão e depois compartilhar os registros:

> [...] embora tivéssemos compartilhado a hora, vivenciamos e lembrávamos dela idiossincraticamente. De um lado, valorizamos partes bem diferentes da sessão. Minhas

> interpretações elegantes e brilhantes? Ela sequer tinha ouvido. Pelo contrário, ela deu valor aos pequenos atos pessoais que eu mal percebia: meus elogios à sua roupa, meus desajeitados pedidos de desculpas por chegar alguns minutos atrasado, meus risos francos ante as sátiras dela, minhas implicâncias com ela quando encenávamos uma situação (Yalon, 1931).

Mesmo quando não nos enganamos, nunca temos o suficiente, sempre haverá uma falta, e isso é inerente à vida. Mas, por sermos fóbicos ao vazio, buscamos rapidamente preenchê-lo, principalmente fora de nós mesmos, até descobrirmos que temos de preenchê-lo costurando o dentro e o fora e revelando o *entre*. Mesmo assim, sempre fica algo inacabado, em uma costura sem fim.

É difícil admitir que não conhecemos o real, como dizia Guimarães Rosa: "o real não está na saída nem na chegada, ele se dispõe para a gente é no meio da travessia" (Rosa, 1982, p. 52). Quer dizer, ele se apresenta na medida em que nos escapa; esse outro que nos escapa, por dentro e por fora, é sempre o que buscamos no processo de autoconhecimento. Encontra-se na relação entre eu mesmo e o próximo alguém, alguém que me diz quem sou ou, pelo menos, que eu existo.

O psicoterapeuta sabe que é um psicoterapeuta inicialmente porque tem pelo menos um cliente que o reconhece como tal; sem isso ele jamais seria um psicoterapeuta, por mais formação que fizesse, supervisão e terapia; o que faz dele um psicoterapeuta é ser reconhecido por alguém com o qual ele se relaciona nesse papel. A supervisão, nesse caso, também cumpre essa função: o supervisor reconhece o supervisionando como um psicoterapeuta, os colegas do grupo de supervisão também assim o reconhecem, e isso vai dando um contorno ao estilo de cada um no modo de sê-lo.

Não gosto muito do termo supervisão quando aplicado à clínica psicoterapêutica porque ele pressupõe uma relação hierárquica entre supervisor e supervisionando.

É certo que meu papel como supervisor vai além de coordenar operacionalmente a supervisão; eu interfiro de formas diversas na exploração da experiência dos supervisionandos e reconheço a representação simbólica de que o supervisor ocupa um lugar diferenciado e está investido de autoridade e poder. No entanto, não entendo que isso se traduza em alguma superioridade; embora faça contribuições pautadas em minha experiência, que por conta do tempo de profissão é mais ampla, sei que isso não tem tanta relevância quanto a experiência singular e intransferível que cada um vive no atendimento de seu cliente.

Lembro-me de uma supervisão pública a que assisti, na qual o terapeuta que apresentava o caso foi duramente criticado por atender o cliente, no caso um adicto de cocaína, quando ele chegava para a sessão após ter usado a droga. Dentre outras coisas, isso foi visto como uma ingenuidade dele, que talvez se justificasse por sua inexperiência, já que era um iniciante. Acontece que, mesmo assim, o caso fora muito bem-sucedido; talvez, se ele não cometesse esse "erro", apontado ali pelo supervisor, não tivesse o mesmo sucesso. É bem possível que o cliente desistisse da terapia; nesse caso, caberia aquele chiste de cirurgião: "a cirurgia correu bem, mas o paciente morreu."

Também me recordo da fala de uma psicoterapeuta em um congresso. Ela contava que, quando fez seu primeiro curso de formação em psicoterapia, depois de alguns atendimentos na sala de espelho, foi duramente criticada pelos professores supervisores e considerada inábil. Sugeriu-se que ela reconsiderasse sua escolha; em outras palavras, acharam que ela não tinha jeito para a coisa. Mas, como não desistiu, aos poucos foram percebendo que o cliente melhorava e, no final do curso, ela foi reconhecida como uma psicoterapeuta eficiente, embora destoante dos demais. Quando contou essa história, já era uma profissional muito reconhecida e autora consagrada.

Embora como supervisor eu tenha sempre a palavra inicial e a final, elas só servem para delimitar o processo do trabalho, trabalho esse que consiste em nos entreolharmos e nos entretermos com as histórias, ecoando nossas escutas: do terapeuta, do supervisor e dos colegas. E, nesse sentido, as diferenças se constituem no insumo principal do processo.

Por tais razões, minha preferência seria o termo *multivisão*, *entrevisão* ou *intervisão*. Todo olhar tem seu valor e, às vezes, é o olhar mais ingênuo que alcança além do conhecido.

Retomo aqui aquele meu ouvinte imaginário, ignorante do assunto, para o qual eu explico, no início deste texto, o que é supervisão. Coloco-o no lugar do supervisor; ele certamente teria um olhar próprio e, de certa forma, estranho, porque diferente daquilo que esperamos. A esse modo de ver poderíamos chamar de uma simples visão; no entanto, esse é um outro olhar, e só por isso deve ser também considerado.

Talvez, uma meta promissora seja perseguir tal olhar, um olhar que se atreve a ser simples, despido de qualquer outra coisa que não seja a coisa mesma, isto é, aquilo que ele escuta, enxerga, sente e pensa. Um olhar ingênuo como o da criança que viu o rei nu no conto *A roupa nova do rei*, de Hans Christian Andersen. A criança não pretendia nada com aquilo, só se espantou ao vê-lo pelado, pois não sabia que o rei estava vestido com uma roupa especial que só os inteligentes poderiam enxergar.

Às vezes, o olhar inteligente é entendido como aquele que vê o que é esperado que seja visto. Antes de ver, ele já sabe. Lembro-me de uma situação relatada por um cliente: quando menino, na aula de biologia, depois de o professor explicar a estrutura das células, os alunos observavam uma célula ao microscópio e tinham de dizer o que viam, isto é, nomear os diferentes elementos constitutivos da célula, como visto na aula, mas ele entendeu que era para dizer exatamente o que via e, ao dizê-lo, descrevendo as imagens, foi ridicularizado. Aquela visão original não servia; tinha de dizer o que foi dito para verem lá, antes de olhar. Como diz Joyce Cary, citado por Poster (2001):

> [...] É dito que, quando você dá a uma criança o nome de um pássaro, ela perde o pássaro. Ela nunca mais vê o pássaro, mas apenas um pardal, um tordo, um cisne, e existe verdade nisso. Todos nós conhecemos pessoas para quem toda natureza e arte representam conceitos, cuja vida, portanto, está inteiramente ligada a objetos, que são conhecidos apenas por rótulos e nunca são vistos por suas próprias características.

Em nossa profissão, assim como em todas as outras, procuramos ver de acordo com o que está convencionado, "como deve ser", e isso é uma previsão, "pré-visão".

Uma das questões mais delicadas para nós psicoterapeutas é o fato de sermos iguais a nossos clientes, no sentido de que não somos isentos de sofrimentos psíquicos e emocionais. Vivemos nossa novela pessoal, como se diz, cada um tem seu próprio quinhão de sofrimento e, em alguma medida, reconhecemos no outro algo que trazemos em nós mesmos. Como diz uma frase conhecida e atribuída ao poeta romano Terêncio: "Sou humano, e nada do que é humano me é estranho." Eu faço um reparo: nada do que é humano me é totalmente estranho; conheço e reconheço o humano, e nisso a estranheza também se inclui. Também muito conhecida, a ideia do curador ferido, inspirada na figura de Quíron, personagem da mitologia grega que sugere que essa condição lhe possibilita maior poder de cura; aqui também acrescento: saber da ferida não é a mesma coisa que conhecer o sofrimento que ela possa causar. Quando trabalhei em reabilitação de pessoas com limitações físicas, logo deparei com isso: o sofrimento emocional não é proporcional à perda funcional objetiva.

O conto "O confessor", de Herman Hesse, que se encontra em seu principal livro, *O jogo das contas de vidro*, narra a história de Joseph e Dion, dois confessores famosos de tempos remotos que não se conheciam. Acontece que eles agiam de formas diametralmente opostas: Joseph, mais jovem, era extremamente acolhedor e finalizava a confissão com um beijo; Dion, mais velho, era confrontativo e encerrava suas confissões com uma penitência severa. Com o tempo, Joseph vergou-se ao peso de tantas confissões e viu-se incapaz de prosseguir; em crise e sem saber o que fazer, fugiu desesperado. Naquela noite, em um abrigo de viajantes, ouvindo uma conversa entre dois outros, soube de Dion, um confessor tido como muito poderoso que atingia seus confessores com sucesso, impondo-lhes pesadas penitências. Chama-lhe a atenção o fato de serem tão diferentes na prática confessional e decide, então, ir ao encontro de Dion para buscar ajuda.

No caminho, encontra um velho e pede informações sobre o caminho que deveria seguir para encontrar Dion; o velho, então, se oferece para levá-lo até ele. Depois de algum tempo de jornada, Joseph indaga ao velho se ainda estavam muito longe, e o velho responde: "Quando você estiver pronto, pode se confessar; eu sou Dion." Deu-se a confissão e, para surpresa de Joseph, Dion, em vez de castigá-lo, deu-lhe um beijo. Tornaram-se parceiros, Joseph ajudando Dion. Passado mais um tempo, Dion adoeceu e, sabendo da morte próxima, pediu a Joseph que recebesse sua confissão. Dion revela então que, quando se encontraram, ele, em crise profunda, estava em busca de um confessor de quem ouvira falar e que acolhia amorosamente o confidente – esse confessor era ele, Joseph.

Sobre esse conto, Yalon (1931) faz um comentário interessante que faz muito sentido para mim: os dois poderiam ter potencializado mais esse encontro se Dion, ao encontrar Joseph pela primeira vez, tivesse lhe dito a verdade, isto é, que ele também estava em crise e viajado para se confessar com ele, Joseph, e esse gesto de reciprocidade autêntica poderia ser a abertura para algo mais transformador.

Lembro-me de que quando me ocorreu a ideia de ser "analista", ainda no colegial; pensei que não tinha as condições necessárias para tal, pois eu não era exatamente um garoto bem-comportado; pelo contrário, com alguma frequência me via como alguém que não correspondia ao que era esperado e até mesmo surpreendia com pequenas transgressões. É evidente que eu tinha uma visão muito ingênua, distorcida e idealizada da profissão, como se o terapeuta fosse uma pessoa plenamente resolvida e ajustada ao meio, e essa seria a condição necessária para exercer a profissão. É evidente minha projeção: queria ser uma pessoa ajustada e sem conflitos para me sentir aceito e validado.

Com o tempo, fui percebendo que não era bem assim. Uma das vivências que me ajudaram a ter outra concepção foi assistir à peça *Hair* – experiência libertadora e confirmadora. No encarte havia um pequeno texto escrito por um psicólogo, que eu nem lembro mais o que dizia, mas que me fez entender mais claramente os sentimentos que a peça despertara em mim. Como o texto fora escrito por um psicólogo, pensei comigo mesmo: "eu posso; é isso que eu quero para mim." Entendi, pela primeira vez, que, mesmo destoante dos que me rodeavam, eu tinha um valor; compreendi que o que eu sentia não era errado, era diferente e autêntico.

De alguma forma, mesmo antes de decidir me tornar um psicoterapeuta, eu já lidava com essa questão: o que é preciso para ser um terapeuta. Vislumbrei essa possibilidade de ser eu mesmo, de ter meu jeito próprio, uma liberdade de ser e, mais que isso, a descoberta de que só poderia me sentir pertencendo sendo eu mesmo.

Por outro lado, ser eu mesmo não é algo pronto e acabado, é um processo de tornar-se, vir a ser. Entendo isso sob duas vertentes: uma é o processo de integração das partes alienadas do *self*, que é promovida pelo revigoramento da *awareness*; outra é se desvestir de representações idealizadas de como devemos nos apresentar e nos conduzir nas situações em que nos encontramos.

Sabemos que em nossa abordagem a postura aberta, humanizada, autêntica e genuína do terapeuta é uma referência e um estímulo para o cliente, principalmente quando esse modo de se colocar do terapeuta não corresponde às tentativas de manipulação do cliente para enquadrar o terapeuta em suas pré-concepções e expectativas. Assim, tornar-se si mesmo e ser seu melhor instrumento de trabalho compõem um binômio intrínseco tanto para o terapeuta como para o supervisor.

Mesmo assim, por vezes, tenho um sentimento de ser quase um impostor de mim mesmo; vivo essa ambivalência da intimidade e da estranheza, nunca somos só nós mesmos, sempre estamos em relação a um outro. Na condição de terapeuta, eu sou um outro também, um outro de mim mesmo, represento um papel que só o cliente vê. De certa forma, nós, terapeutas, somos estrangeiros que encontram na supervisão um continente que nos acolhe e onde nos socorremos.

Parece tudo muito simples, nos reunimos periodicamente, nos falamos e nos escutamos; enquanto fazemos isso, em alguns momentos, algo faz sentido, nos excita e, às vezes, nos comunga, nos toca singularmente juntos.

Referências

HESSE, H. O jogo das contas de vidro. São Paulo: Editora Brasiliense, 1970.

POLSTER, E; POLSTER, M. Gestalt-terapia integrada. São Paulo: Summus, 2001.

ROSA, J.G. Grande sertão: Veredas. Rio de Janeiro: José Olympio, 1982.

YALON, I.D. 1931 – Os desafios da terapia. Rio de Janeiro: Ediouro, 2002.

7

A SUPERVISÃO DO PSICÓLOGO CLÍNICO NO CONTEXTO DE ENLUTAMENTO[1]

Joanneliese de Lucas Freitas

A supervisão na formação do psicólogo é compreendida como necessária para que profissionais iniciantes aprendam e desenvolvam seu fazer, seu trabalho na lida direta com as pessoas e seus contextos, como um processo de passagem da "teoria" para a "prática". Não apenas na universidade, mas também na formação pós-universitária, é uma prática difundida e requerida. Contudo, a supervisão não sustenta apenas a formação, mas também se configura como um exercício necessário ao longo de todo o trajeto da atuação dos profissionais psicólogos que estão comprometidos com a ética de sua atuação. É comum afirmar, entre os psicanalistas, que o fazer clínico é sustentado pelo tripé teoria-psicoterapia pessoal-supervisão (Marino, 2020). Entretanto, essa compreensão não se reduz à psicanálise. Também entre psicólogos de diversas abordagens, costumou-se representar a supervisão como um dos "pés" do tripé que sustenta o trabalho do psicólogo, especialmente o do psicólogo clínico (Nascimento & Ribeiro, 2017; Silva, Pinheiro & Lauredon, 2020).

A ideia de que a atuação profissional precisa estar sustentada nesses três pilares se relaciona ao fato de que nosso fazer não é exclusivamente técnico, mas que todo fazer clínico repousa, antes de tudo,

[1] Este texto é uma singela homenagem a Walter Ribeiro e seu inestimável legado – meu querido mestre na Gestalt-terapia que nos deixou a todos enlutados desde o dia 27 de maio de 2021.

na relação humana entre psicoterapeuta e seu paciente/cliente. Do ponto de vista da Gestalt-terapia, abordagem objeto de reflexão no presente livro, isso quer dizer que o psicoterapeuta:

> [...] não [é] alguém dotado de uma verdade, resposta ou saída para o sofrimento do outro. Assumir a busca de compreensão do mundo do cliente é também assumir a (im)possibilidade de alcançar a percepção do outro *a partir da experiência vivida* e não apenas a partir do que a racionalidade nos apresenta (Freitas, 2009, p. 104 [grifo nosso]).

A supervisão tem, portanto, um papel fundamental para elucidar e explicitar os aspectos vividos nessa relação que perpassam seu andamento, desde os primeiros encontros. Ela nos assegura, em especial, a sustentação da ética no trabalho do psicólogo, entendida aqui como um processo de conquista de si-mesmo na relação com o outro, para que esse outro possa se mostrar em sua alteridade.

Por meio do olhar de um colega mais experiente (supervisor), trabalha-se na direção da explicitação das ambiguidades, dificuldades e potencialidades que permeiam o encontro vivido, pré-reflexivo, entre psicoterapeuta e cliente. É um processo de articulação da teoria com os temas e sentidos que surgem nesse processo, abrindo espaços de significação que norteiam intervenções e a própria psicoterapia pessoal do supervisando, sendo diverso, portanto, de um processo de ensino-aprendizagem tradicional. Desse modo, essa não é uma função meramente didática. É fundamental que supervisor e supervisando se disponibilizem a uma relação humana, pautada na confiança mútua.

Espera-se que o supervisor, por meio do relato das sessões, consiga auxiliar o clínico a se tornar mais consciente de seu fazer, por meio da compreensão dos aspectos teóricos do processo, mas, especialmente, que consiga ajudar o supervisionado a distinguir o que concerne a si e o que concerne ao paciente/cliente, principalmente diante de situações desafiadoras do ponto de vista pessoal ou teórico

(Silva, Pinheiro & Lauredon, 2020). O vínculo de confiança entre supervisor e supervisando facilitará o trabalho dos sentidos vividos que emergem da interseção de teoria, prática e aspectos humanos do próprio terapeuta. De acordo com Prebianchi e Amatuzzi (2000),

> sob esse prisma, parece acertado concluir que a supervisão é o lugar onde, além das dúvidas teóricas e técnicas, emerge a necessidade de auto-conhecimento do supervisando. Dentro de uma perspectiva fenomenológico-existencial, a descrição da experiência com o cliente possibilita ao supervisando entrar em contato consigo mesmo, com seus questionamentos e inseguranças (p. 57).

No presente capítulo, temos como objetivo apresentar alguns pontos que podem influenciar o acolhimento em luto e os processos psicoterapêuticos de pessoas enlutadas. Também procuramos refletir a respeito dos aspectos aos quais o supervisor precisa estar atento para dar suporte ao supervisando diante dos desafios que irá enfrentar. Em especial, destacaremos os seguintes pontos: o contexto pandêmico, o luto como uma experiência humana comum a todos, a fadiga por compaixão e o conhecimento teórico sobre luto.

Supervisão nas situações de enlutamento: os tempos pandêmicos

Com a pandemia de Covid-19 e o impacto de mais de 600.000[2] óbitos confirmados no Brasil, tornou-se mais urgente a reflexão sobre as práticas de atenção psicológica no contexto de crises. A crise que vivemos nesse momento é uma crise sanitária sem precedentes para nossa geração e tem exigido recursos financeiros, institucionais, sociais e pessoais dos governos, das instituições públicas e privadas,

[2] Dados segundo "Painel Coronavírus", *site* interativo do Ministério da Saúde Ministério desenvolvido como veículo oficial de comunicação sobre a situação epidemiológica da pandemia de Covid-19 no Brasil com atualização diária. Disponível em: https://covid.saude.gov.br/. Dados relativos ao acesso realizado em: 17 out 2021.

das populações e dos profissionais que atuam em saúde nunca antes imaginados. Se avaliarmos os prejuízos em vidas, econômicos, educacionais e os impactos na saúde mental e geral da população, podemos esperar que essa será uma crise com impactos que sentiremos pelo menos ao longo da próxima década.

No caso específico do luto, podemos pensar que, se há no mínimo quatro pessoas enlutadas para cada morte (contando-se aí parentes mais próximos, como, pai, mãe, irmãos e filhos, além de par amoroso e amigo próximo), temos hoje, no Brasil, um mínimo de 2.412.608 enlutados. Seria um equívoco partirmos do pressuposto de que todo enlutado precisa de assistência em saúde, pois o luto é uma experiência que diz respeito à vida e não à psicologia ou a qualquer outra área do saber e do viver humanos. O luto é uma reação normal diante de mudanças abruptas e profundas no seio dessa mesma vida, que em geral são sentidas como perdas. Não é uma experiência extraordinária ou patológica em si, mas uma experiência que nos apresenta os limites mais próprios do existir e que nos abre a dimensão do sofrimento humano (Freitas, 2018).

Enlutar-se no meio da pandemia de Covid-19 é desafiador. Vivemos um momento de profunda crise de nossas certezas e sentidos existenciais, mas essa não a única crise que se nos apresenta. Também vivemos um momento de crises materiais e sociais, como a fome, o desemprego, o abandono escolar, a violência familiar, o distanciamento social e a falta de apoio em rede devido às medidas de distanciamento, os impactos na saúde mental em razão do prolongamento da pandemia e suas limitações decorrentes, a cronificação de doenças que poderiam ser facilmente tratadas em outros contextos em virtude da exaustão dos sistemas de saúde (e até mesmo mortes pelo mesmo problema), além das sequelas da Covid longa[3].

[3] Também conhecida como Síndrome Pós-covid, caracteriza-se por uma "entidade patológica, que envolve sequelas físicas, médicas e cognitivas persistentes após a COVID-19, incluindo imunossupressão persistente, bem como fibrose pulmonar, cardíaca e vascular." (Oronsky, Larson, Hammond, Oronsky, Kesari, Lybeck e Reid, 2021).

Além disso, notamos, em nosso trabalho com enlutados, que há uma percepção relativamente generalizada de que muitas das mortes por Covid-19 poderiam ter sido evitadas com um maior engajamento da população em geral em comportamentos de prevenção e se políticas públicas mais eficientes e de maior alcance tivessem sido planejadas e executadas com responsabilidade. Com relação especificamente à morte e ao luto, devido às medidas sanitárias, soma-se a todo esse contexto o fato de os rituais fúnebres e de despedidas, tão importantes e organizadores do processo de luto, encontrarem-se dificultados.

As mortes por Covid-19 com frequência evoluem muito rápido e, a depender da fase da infecção, não é permitido aos familiares nem mesmo ver seu ente querido depois de morto. Há famílias que perderam não apenas um, mas dois ou mais entes queridos. Há populações e grupos sociais especialmente atingidos, como as populações indígenas e os profissionais da linha de frente, incluindo-se aí não apenas os profissionais da saúde, como médicos e enfermeiros, mas também os profissionais da limpeza dos hospitais, socorristas, motoristas de ambulância e do transporte coletivo, coveiros e demais profissionais do serviço funerário, caixas de supermercado, cuidadoras, domésticas, entre outros. São pessoas, em geral, com menor poder aquisitivo e sem a chance de manterem o distanciamento social diante das demandas do trabalho e da sobrevivência. Todos esses fatores atuam como estressores importantes com impacto na experiência do luto, fazendo com que nesse momento o suporte psicológico tenda a ser mais demandado.

Destaco aqui todos esses fatores para lembrar primeiro que o bom trabalho (e a boa supervisão) com pessoas enlutadas exige o conhecimento prévio e atualizado sobre os processos de luto e seu *contexto imediato*. Todas essas situações podem atuar como estressores e complicadores do luto e precisam ser avaliadas. É imprescindível o reconhecimento do impacto das diferentes situações que envolvem o luto e que podem inadvertidamente estar "invisibilizadas" para psicólogos e supervisores que vivem condições distintas de seus pacientes/clientes. Nossa localização em um contexto social específico nos posiciona no mundo sempre a partir de uma perspectiva e, como em toda perspectiva, se abre com pontos cegos para nós, mas que podem ser centrais na experiência do outro.

Em segundo lugar, é preciso lembrar que, diferentemente das situações de emergência nas quais nem sempre as equipes de psicologia são atingidas, estamos todos vivendo a crise gerada pela pandemia de Covid-19, o que nos apresenta desafios complexos não apenas para a prática clínica, mas também para a supervisão: estamos todos vivendo pedaços dessa mesma crise, todos atingidos em maior ou menor grau por seus estilhaços. Uma crise que, além de abrangente, tem sido intensificada pela sua duração. Muitos psicólogos também estarão vivenciando suas próprias perdas de familiares, amigos, colegas de trabalho e até mesmo de pacientes, impactando sua escuta – o que poderá fazer com que tenham dificuldades de acompanhar vivências de luto e morte diferentes das suas.

Quando não trabalhadas pelo clínico, as experiências compartilhadas podem dificultar significativamente a escuta do sofrimento do enlutado. A pessoa enlutada é alguém que carece de espaços sociais para compartilhar seu luto de maneira livre e que, portanto, sente com frequência necessidade de repetir muitas vezes a situação da perda e da morte, que precisa ser sustentada pela escuta clínica. Esse é um ponto que precisa ser sempre avaliado e reavaliado em supervisão, assim como trabalhado com seriedade na própria terapia pessoal do psicoterapeuta. Dificilmente alguém escutará algo sobre o luto do outro sem ser visitado por seu próprio luto, a menos que já tenha percorrido seu caminho particular por essa experiência. Por outro lado, ter vivido um luto pode também facilitar uma escuta acolhedora e empática, como explicaremos no próximo tópico.

Uma forma possível de minimizar os impactos do que vivemos em situações como essa, como a emergência sanitária do novo coronavírus, é por meio do suporte entre pares. Supervisões em grupo podem eventualmente ter momentos de troca das experiências dos supervisionados ou estes também podem ser encaminhados para grupos de ajuda mútua entre profissionais e equipes que trabalham com situações de emergência e estresse.

Luto:
uma experiência comum a todos nós

Mesmo fora do contexto pandêmico, o luto talvez seja o único fenômeno que todos certamente já vivenciamos ou vivenciaremos em algum momento de nossas vidas. Podemos acolher pacientes com ideação suicida, TOC, adicções ou quaisquer outras questões humanas sem nunca termos passado por essas experiências, mas testemunhar o enlutar-se nos coloca em uma posição diferente em termos profissionais, seja no acolhimento e na psicoterapia, seja na supervisão, pelo modo como o luto nos toca a todos.

Assim, um dos aspectos centrais na supervisão de profissionais que atuam na morte e no luto diz respeito justamente à explicitação das concepções sobre morte e luto, bem como das dificuldades, afastamentos e aproximações que o profissional tem da temática. Crenças como a ilusão da imortalidade (Kovács, 2005) e a compreensão de que o luto deve ser vivido discretamente (Koury, 2010), sem muita expressividade, estão muito presentes na cultura brasileira e, portanto, também atravessam os psicólogos, seus modos de enlutar-se e sua escuta.

O que queremos destacar aqui é que a compreensão do outro, portanto, está relacionada à compreensão do horizonte de sentidos no qual o incluímos. É em nosso horizonte de sentidos que os outros aparecem como fenômeno vivido para nós em sua alteridade própria: "É só na consciência das próprias posições que o outro se apresenta e adquire significado" (Malighett, 1996). Isso quer dizer que é preciso reconhecer nosso próprio horizonte de sentido, pois é nele que nossa compreensão sobre o outro emerge, e essa é uma tarefa básica da atividade de supervisão.

A literatura especializada já aponta que a evitação do contato com o tema da morte e do morrer diz respeito a uma negação do próprio profissional da saúde diante de suas emoções não trabalhadas (Santos & Hormanez, 2013). Trabalhar os sentimentos envolvidos com a morte e o morrer, com a explicitação de sentimentos e valores envolvidos, pode permitir ao profissional conquistar sua própria reflexão e sentido sobre esses temas. Essa é uma condição *sine qua non* para um trabalho nesse campo, e pode ser realizada por meio da supervisão. Esses sentimentos não se relacionam apenas às emoções mobilizadas diretamente pela história e a presença desse outro, mas à própria cultura familiar do terapeuta, assim como suas experiências com a morte ao longo da vida, incluindo suas perdas e recursos pessoais para lidar com o que não se pode controlar na existência, que tem seu ápice na finitude.

Por ser o luto uma experiência humana, portanto, nossa própria experiência com o luto pode mobilizar diversas dificuldades, mas também pode ser lugar de uma escuta mais acolhedora e empática. Isso pode ser testemunhado, por exemplo, nos trabalhos em grupo conduzidos por pessoas leigas da comunidade que não são profissionais da saúde ou psicólogos, mas que passaram por seus próprios lutos que as motivaram a trabalhar em grupos de ajuda mútua, acolhendo dores semelhantes. O importante é reconhecer que os processos de identificação são acionados com frequência no trabalho com enlutados e devem ser investigados pelo supervisor para que o psicólogo fique atento se não é algo que está sendo mobilizado em sua escuta clínica.

Fadiga por compaixão

Muitos profissionais que lidam intensivamente com o luto estão expostos à fadiga por compaixão, um tipo específico de *burnout*, especialmente quando lidam com mortes particularmente difíceis, como as de pessoas jovens, o suicídio e as mortes violentas. Podemos incluir também as mortes por Covid-19, que têm se apresentado dentro de uma crise sanitária prolongada, em muitos casos com evolução rápida para o óbito, além de serem consideradas evitáveis e se apresentarem para muitas famílias com perdas múltiplas. Estima-se hoje que todos brasileiros conheceram pessoalmente pelo menos duas pessoas que morreram por causa da doença.

Ouvir relatos sobre a morte ou descrições sobre o modo de acontecimento do evento mórbido, sobre as violências e perdas que podem estar aí incluídas, a debilitação e a fragilidade do moribundo envolvidas na situação e o próprio testemunho do sofrimento do paciente diante de tais eventos torna essa escuta difícil, desafiadora e comumente estressante para o profissional envolvido, mobilizando sentimentos os mais diversos, que podem interferir diretamente no processo clínico e até mesmo produzir um silenciamento inadvertido da expressão do sofrimento do paciente/cliente.

Estar continuamente exposto à escuta de temas e histórias difíceis ou traumáticas e oferecer suporte a condições que apresentam evolução própria e lenta, além de naturalmente estressantes, pode provocar no profissional um estado de tensão e preocupação tamanha, que pode levá-lo a reviver, em algum nível, o próprio trauma de seus pacientes/clientes, sentindo-se sem esperança e isolado (Figley, 2002). O profissional que trabalha com o morrer e o luto está especialmente exposto a situações de fadiga por compaixão que precisam ser avaliadas e consideradas tema de atenção dos supervisores responsáveis: "Em nosso esforço de ver o mundo desde a perspectiva do sofrimento, nós sofremos" (Figley, 2002, p. 1.434).

É comum, nesses casos, que o profissional seja afetado por sentimentos fortemente contraditórios e se posicione nas intervenções em algum lugar entre a impotência e a superpotência, ou mesmo se mantenha transitando entre esses sentimentos, no afã de "ajudar" seu paciente. Trabalhar a significação do "ajudar", os limites dessa ajuda, o lugar que se quer ocupar na relação com o outro ao assumir o lugar de ajuda impacta a maior consciência do trabalho desenvolvido e seu papel diante do sofrimento do outro. Trata-se de trabalhar na supervisão as condições de disponibilidade para o outro no trabalho clínico, ou seja, como, quando e para quem se está disponível, permitindo uma avaliação dos limites do psicólogo supervisionado diante do sofrimento do outro.

Por último, isso inclui a aceitação do sofrimento como condição humana que nos posiciona diante da vida, assim como o prazer, e, portanto, o trabalho não diz respeito a eliminar o sofrimento no luto, mas entender como ele nos posiciona diante do desafio da nova vida sem o ente querido. O foco do trabalho em luto é convergente com a clínica existencial: diz respeito à compreensão do sentido existencial diante de quem se é na ausência presente do outro (Freitas, 2018).

O conhecimento teórico, as crenças culturais e psicológicas e a patologização do enlutado

Outro problema recorrentemente encontrado na supervisão de profissionais que lidam com o luto consiste na falta de conhecimento sobre os processos de luto. Com a experiência abrangente que a crise sanitária atual nos impõe, esse se torna um problema central. Ainda hoje é comum a crença entre profissionais da saúde e mesmo entre psicólogos, por exemplo, de que o luto se dá por fases ou etapas, mesmo que a literatura especializada já tenha há muito tempo abandonado essa compreensão nas mais diferentes abordagens teóricas (Freitas & Doro, 2019).

A falta de conhecimento sobre o tema pode levar psicólogos que estejam trabalhando com o luto a fazerem leituras equivocadas e patologizantes de processos normais e esperados ou de comportamentos e vivências que estão relacionados à falta de espaços de expressão e de apoio e suporte social, por exemplo. Assim, é imprescindível que o supervisor conheça as teorias e pesquisas mais recentes para que sejam colocadas em jogo diante de intervenções que busquem um "ajustamento" ou "melhora" do paciente, as quais repousam em concepções mais vinculadas às crenças e dificuldades do psicoterapeuta em lidar com o tempo do luto do que de fato ao processo do luto.

É necessário, também, que sejam indicados ao supervisionado o aprofundamento e o conhecimento teórico sobre as questões que envolvem os processos de morrer e do luto. Especialmente no contexto de uma clínica existencial, como a Gestalt-terapia, certas práticas intervencionistas precisam ser cuidadosamente revistas e repensadas. O luto precisa ser mais acompanhado do que "tratado" por meio de intervenções que comprometam a autonomia da pessoa diante de sua vida.

Considerações finais

A clínica do luto envolve teoria, terapia pessoal do clínico e supervisão de maneira desafiadora. Diferentemente de outras experiências, o luto, por ser comum a todos nós, precisa ser tomado como uma vivência que estará de um modo ou de outro atravessando nossas vidas, exigindo-nos maior atenção àquilo que em nós é mobilizado no processo de escuta clínica. Somos especialmente desafiados, diante da experiência do outro, pelo conflito entre o que é nosso e o que é de nosso cliente/paciente nesse encontro existencial que é a clínica do luto. É necessário que o supervisor auxilie o clínico nesse caminho árduo do autoconhecimento e que possa ajudá-lo a localizar suas identificações e seu excesso diante do outro, não deixando que essa tarefa o tome até o ponto da exaustão.

Especialmente no momento de crise sanitária que vivemos, é imprescindível que psicólogos e psicólogas, ao aceitarem o desafio de acompanhar pessoas enlutadas, se debrucem sobre a tarefa de atualização constante, mas também de autocuidado interminável. Testemunhar a dor do outro é comprometer-se eticamente com o outro, não apenas diante do que sabemos, mas também do que não sabemos sobre o outro e sobre nós mesmos. A tarefa da supervisão talvez seja nos ajudar a nos localizarmos nesse lugar.

Referências

FIGLEY, C.R. Compassion fatigue: Psychotherapists' chronic lack of self care. Psychotherapy in Practice 2002; 58(11):1433-41. Disponível em: https://doi.org/10.1002/jclp.10090.

FREITAS, J.L. Luto, pathos e clínica: uma leitura fenomenológica. Psicologia USP 2018; 29(1):50-7. Disponível em: https://doi.org/10.1590/0103-656420160151.

FREITAS, J.F. Reflexões sobre a relação terapêutica: diálogos com Merleau-Ponty. Revista da Abordagem Gestáltica 2009; 15(2):103-7. Disponível em: http://pepsic.bvsalud.org/scielo.php?script=sci_arttext&pid=S1809-68672009000200005.

FREITAS, J.L.; DORO, M.P. Profissionais da saúde frente ao luto: mitos, dificuldades e possibilidades de enfrentamento. In: FARIAS, A.K.C.R. O trabalho de equipes multiprofissionais em diferentes contextos. Curitiba: Juruá, 2019: 401-15.

KOURY, M.G.P. Ser discreto: Um estudo sobre o processo de luto no Brasil urbano no final do século XX. Revista Brasileira de Sociologia da Emoção – RBSE 2010; 9(5). Disponível em: http://www.cchla.ufpb.br.

KOVÁCS, M.J. Educação para a morte. Psicologia: Ciência e Profissão; 25(3):484-97. Disponível em: https://doi.org/10.1590/S1414-98932005000300012.

MALIGHETT, R. O trabalho etnográfico: circularidade hermenêutica e dialogismo. Revista de Políticas Públicas 1996; 2:1-12. Disponível em: http://www.periodicoseletronicos.ufma.br/index.php/rppublica/article/view/3681/1687.

MARINO, A.S. A psicanálise nas políticas sociais públicas. Ágora: Estudos em Teoria Psicanalítica 2020; 23(2):2-11. Disponível em: https://doi.org/10.1590/1809-44142020002002.

NASCIMENTO, L.; RIBEIRO, J. Reflexões acerca da formação em Gestalt-terapia no Brasil. PSI UNISC 2017; 1(1):142-53. Disponível em: doi: https://doi.org/10.17058/psiunisc.v1i1.9557.

ORONSKY, B.; LARSON, C.; HAMMOND, T.C. et al. A Review of Persistent Post-COVID Syndrome (PPCS). Clinical Reviews in Allergy & Immunology 2021. Disponível em: https://doi.org/10.1007/s12016-021-08848-3

PREBIANCHI, H.B.; AMATUZZI, M.M. Análise de uma experiência de supervisão clínica. Estudos de Psicologia (Campinas); 17(1):55-63. Disponível em: https://doi.org/10.1590/S0103-166X2000000100005.

SANTOS, M.A.; HORMANEZ, M. Atitude frente à morte em profissionais e estudantes de enfermagem: Revisão da produção científica da última década. Ciência & Saúde Coletiva 2013; 18:2757-68. Disponível em: doi: 10.1590/S1413-81232013000900031.

SILVA, N.O.; PINHEIRO, M.A.; LAURENDON, C.E. Construção de significados e ambiguidades na supervisão de estágio em psicologia. Psicologia USP 2020; 31:e200064. Disponível em: https://doi.org/10.1590/0103-6564e200064.

8

A SUPERVISÃO DA PRÁTICA DE INTERVENÇÕES DE CURTA DURAÇÃO: Abrindo Caminhos

Maria Alice Queiroz de Brito (Lika Queiroz)

Não tenho ensinamentos a transmitir. Apenas aponto algo,
indico algo na realidade, algo não visto ou escassamente avistado.
Tomo quem me ouve pela mão e o encaminho à janela.
Escancaro-a e aponto para fora.
Não tenho ensinamento algum, mas lidero o diálogo.
(Martin Buber)

Olhando a natureza do cerrado que se descortina pela janela, sou tomada por uma sensação de plenitude de missão cumprida. Sinto-me privilegiada por ter a oportunidade de acompanhar tantas pessoas na construção de suas práxis como psicólogas e psicólogos. Ainda me surpreendo ao receber tantas mensagens de ex-alunos e alunas, contando-me o quanto influenciei seu caminho profissional; emociono-me e percebo o quanto isso traz sentido ao meu existir, nessa minha missão de contribuir com a formação de novos psicoterapeutas com um olhar gestáltico, muitos dos quais vêm a se tornar Gestalt-terapeutas.

Nesse momento, chegam a mim as palavras de Buber citadas na epígrafe; é desse modo que me sinto, apontando os caminhos que vão se abrindo e, juntos/juntas, vamos construindo um processo de aprendizagem mútua.

A supervisão é para mim um eterno descobrir, aprender com o inusitado que a cada momento se apresenta com o novo cliente ou a nova cliente, paciente ou usuário(a). As questões e problematizações que meus alunos e extensionistas trazem convidam-me a estudar cada vez mais, a olhar o fenômeno sob outras perspectivas – e o quanto me sinto grata pelo que me ensinam!

Concordo com Carabelli (2021), ao ponderar que a educação deve englobar os dois aspectos de sua raiz etimológica latina – *educare*: criar, formar ou instruir, e *educere*: extrair, avançar, elevar. A supervisão abarca, assim, não apenas fornecer informações sobre as bases teóricas para a construção do vínculo e o manejo da relação, ou seja, o método fenomenológico e a postura dialógica sobre os aspectos técnicos necessários à construção e ao manejo de um experimento, mas também proporcionar situações que permitam que o supervisando

> [...] alcance seu próprio dar-se conta e descubra seus próprios recursos, suas próprias técnicas e estratégias. [...] *Extrair* de si mesmo e de sua experiência a sabedoria necessária. *Criar* é acompanhar nossos alunos no processo de transformação pessoal como parte fundamental da formação integral. É proporcionar o apoio necessário nos momentos difíceis. *Avançar e elevar* se refere ao grau de melhoramento pessoal ou profissional que cada aluno vai alcançando através do tempo (Carabelli, 2012, p. 15).

É essa experiência que quero compartilhar com vocês neste capítulo: o modelo que desenvolvi, ao longo de 20 anos, para a supervisão dos Estágios em Atenção à Saúde I, II e III e dos projetos de extensão, ambos com ênfase nas intervenções de curta duração nas áreas clínica, hospitalar e clínica ampliada na Abordagem Gestáltica, que realizo no Instituto de Psicologia da Universidade Federal da Bahia.

Trata-se de uma supervisão em grupo na qual discutimos as nuances e diferenças do trabalho focalizado nas três áreas, da *psicoterapia breve* à *ação terapêutica*. Tive e tenho alunos e alunas que estagiam ou são extensionistas no Serviço de Psicologia do IPS/UFBA, outros que realizaram seu estágio no Hospital Aristides Maltês, hospital oncológico de referência do estado da Bahia, na Clínica Médica e no Setor de Cuidados Paliativos do Hospital Universitário Professor Edgar Santos, assim como no CRAS, CREAS, CAPS I, II ou III, no setor de Psicologia do Centro de Diabetes e Endocrinologia da Bahia e no Setor de Psicologia do Instituto Federal da Bahia.

Parto do princípio de que a aprendizagem decorre, principalmente, da discussão dos casos atendidos e práticas desenvolvidas nos vários locais de estágio, já que para nós Gestalt-terapeutas, como bem coloca Carabelli (2012), a aprendizagem se dá de uma forma espiralada e não linear, passando-se várias vezes pelo mesmo aspecto para que se possa assimilá-lo e integrá-lo ao conhecimento já construído. Cada etapa do estágio e a extensão têm horário específico – separo uma tarde e início da noite para todos os grupos – de modo que quem quiser pode participar da supervisão do outro grupo; em certo sentido, o mestre é o grupo. Outro critério que adoto é que quem fizer estágio comigo deve comprometer-se a ficar 1 ano, ou seja, fazer os três estágios, de maneira que se tenha um tempo maior para acompanhar a evolução e os resultados de sua práxis.

O trabalho do Gestalt-terapeuta, onde quer que esteja atuando, é, em última instância, criar um espaço seguro para que o outro possa experimentar-se e descobrir como se relacionar consigo próprio, "como se experimenta a si-mesmo-entre-outros", como diz Perls (2006, p. 127). Não temos um protocolo a ser seguido; nas palavras de Baumgardner, "o 'caminho' vai aparecendo, enquanto nós permanecemos na situação presente, ocupando-nos do 'como' da condução" (2006, p. 43).

A "ausência de um manual" pode afigurar-se, inicialmente, assustadora. Uma questão norteia, como pano de fundo, nossas reflexões: como eu posso, da melhor maneira, estar pessoal e tecnicamente a serviço de meu cliente, paciente ou usuário? Como eu posso facilitar que ele(a) alcance um nível de integração suficiente que lhe permita levar adiante seu próprio desenvolvimento, que retome o fluxo de seu processo de autorregulação organísmica onde este se interrompeu?

> [...] pensamos uma psicoterapia que tenha o homem como centro, em que ele tem o poder de se recriar, de tomar posse de si mesmo, não obstante ter de conviver com sua fragilidade, com a morte, com a doença, com o desespero (Ribeiro, 1999, p. 25).

Levando essas questões em consideração, nos Estágios I e II a ênfase está:

- Em como se dão o primeiro contato e a construção do vínculo com os clientes, pacientes e usuários.
- Na aprendizagem de como fazer as entrevistas iniciais e definir um foco de trabalho para o processo psicoterapêutico.
- No que é necessário pesquisar quando se vai atuar no contexto hospitalar ou de clínica ampliada.
- Em conhecer o território e o escopo de atividades desenvolvidas no aparelho *locus* do estágio.
- Nas especificidades das patologias clínicas com as quais se vai lidar.
- No manejo inicial do processo, seja no modelo da *psicoterapia breve*, seja no modelo da *ação terapêutica.*

Nessa fase, tornam-se figuras, nas discussões, as diferenças de objetivo e manejo entre a abordagem psicoterapêutica e a terapêutica, assim como entre os tipos de foco para cada contexto e cliente.

No Estágio III e na extensão, a ênfase está no aprofundamento do processo clínico:

- Em como, a partir da coisa em si, buscar o em si da coisa.
- No manejo dos recursos, tão ricos em nossa abordagem, para que se sintam seguros(as) e possam fluir na relação com sua clientela e as demandas de cada momento.
- No manejo de grupos, quando é o caso.
- Nas especificidades do manejo do processo de alta nas intervenções de curta duração e na elaboração do luto pela alta, abandono ou perda de um paciente/cliente.

Ao longo de todo o processo, trabalhamos o contato consigo, com o próprio corpo, as sensações e sentimentos, o que vai acontecendo consigo na relação; a percepção e o respeito não apenas pelos limites de sua clientela, mas os próprios limites. Vêm-me à mente, de novo, as palavras de Baumgardner:

> O terapeuta deve reconhecer o ponto no mapa onde chegou o paciente-viajante, para que possa saber como responder. [...] Se o terapeuta tem seu mapa na mão, o paciente lhe indicará onde se encontra, sejam quais forem as capas sucessivas de similitudes, e independentemente do insólito que seja sua viagem (2006, p. 47).

Adoto como base para as intervenções de curta duração o conceito de H. Garner, ao definir psicoterapia breve como: "um tratamento no qual a extensão, a frequência e a duração da entrevista são determinadas pelo mínimo necessário para se atingir a melhor condição possível para o paciente" (*apud* Small, 1971, p. 16). Embora seja um conceito limitado à psicoterapia breve, nos remete a três aspectos fundamentais a serem considerados na construção de qualquer modelo terapêutico de intervenções de curta duração: o critério temporal, abreviando a duração não só do tratamento como da sessão em si, além da flexibilização do intervalo entre as sessões, a necessidade da delimitação de um foco de trabalho em consequência do critério temporal e, o mais importante, a ênfase em se considerar o que seja a melhor condição possível para essa delimitação temporal, levando em consideração a pessoa que se está atendendo e o contexto, já que em Gestalt-terapia, o tempo todo, estamos considerando a relação de campo organismo-ambiente.

Essa flexibilização do aspecto temporal é fundamental para as intervenções nos contextos hospitalar e de clínica ampliada, onde a ênfase está mais na *ação terapêutica*[1] do que na psicoterapia propriamente dita, e o contato do estagiário com sua clientela pode variar de minutos a um tempo mais amplo, que pode ser desde diário até o não se saber quando se estará de novo com o paciente ou usuário.

Começa a jornada que iremos percorrer juntos(as); na mochila, a vontade de colocar em prática o que foi estudado, a insegurança ante o desconhecido e a certeza de que não estaremos sós nessa viagem. Embora seja uma jornada por mim já percorrida, nem o caminho nem os companheiros e companheiras de viagem são os mesmos... O que será que nos espera? De mãos dadas, nos lançamos na aventura da descoberta.

Surge o primeiro desafio a ser enfrentado pelos supervisandos:

> [...] como determinar esse mínimo necessário se o processo [...] é construído a cada momento, fruto do encontro único entre cliente e terapeuta? Como posso prever *a priori* o tempo que o meu cliente necessitaria para fechar as suas *gestalten* inacabadas, lidar com seus conflitos existenciais? (Brito, 2006, p. 160)

---

[1] Inspirada no modelo de sessão única desenvolvido por R.L.Wolk (*apud* Small, 1971, p. 61), na *ação terapêutica* o trabalho terapêutico gira em torno da situação emergencial trazida pelo cliente, paciente ou usuário, onde cada contato/sessão é um processo em si; a *gestalt* é aberta e fechada a cada encontro (Brito, 2003).

Dentro do rigor de uma postura fenomenológica existencial, o Gestalt-terapeuta não pode definir o tempo do processo, muito menos forçar o ritmo natural do cliente para entrar em contato com seus conteúdos internos, já que o ser humano é visto como um ser livre, único e singular, que a cada momento terá de escolher o que será no momento seguinte e, através dessas escolhas e dos atos que delas derivam, ir realizando seu projeto, construção de sua existência.

Os chamados mecanismos de defesa são considerados "bloqueios impostos contra o viver autêntico criados pelo desejo do indivíduo de negar e evitar a angústia necessária que o viver autêntico exige" (Spinelli, 1989, p. 127). Assim, em um processo natural de autorregulação organísmica, a resistência é vista como fruto da sabedoria intrínseca ao organismo.

Estamos falando de uma visão de tempo existencial e não cronológica, do tempo da experiência imediata vivida pelo cliente na relação com a pessoa que o está acompanhando, onde a *awareness* e o processo de mudança têm como pano de fundo o suporte interno desse cliente, paciente ou usuário. Como coloca Ponciano,

> [...] a essência da psicoterapia de curta duração, seja breve, de crise, de apoio, é que seu tempo é limitado ou delimitado pela vontade explícita da pessoa que deseja ser atendida em um breve espaço de tempo. [...] É a relação entre vontade, necessidade, urgência do cliente e as possibilidades técnicas do psicoterapeuta que determinarão o tipo de intervenção (1999, pp. 19-20).

A esses critérios acrescento as especificidades da realidade econômica, social, geográfica e outros aspectos nos quais esse cliente está inserido. A combinação desses fatores, agregada à realidade da falta de experiência dos supervisandos no início do estágio, levou-me a adotar o modelo que chamo de *psicoterapia de curta duração sem tempo a priori,* delimitado para os atendimentos realizados no Serviço de Psicologia/IPS. Nesse modelo, o que é figura é o foco do trabalho, e a duração do tratamento é consequência do ritmo do(a) cliente no lidar com esse foco.

Segundo Malan (1976):

> [...] como efeitos terapêuticos são difíceis de serem previstos, provavelmente é melhor formular a meta em termos de uma área particular que necessita ser trabalhada. Para isso é muito natural o uso metafórico do verbo "focalizar"; o terapeuta "focaliza" a atenção, e tenta fazer com que o paciente foque a sua atenção na área escolhida. Essa área assim fica conhecida pelo nome metafórico "o foco" da terapia (p. 32).

É muito comum os alunos e alunas me questionarem sobre a diferença entre esse modelo e a psicoterapia clássica. Embora nesse modelo a duração média do tratamento não seja definida *a priori*, se circunscrevo o processo psicoterapêutico a um aspecto da psicodinâmica do cliente, naturalmente a duração do tratamento será bem menor do que a de um processo psicoterapêutico que se proponha a trabalhar a totalidade psíquica do cliente.

No contexto hospitalar, o foco já é dado *a priori*: a relação do paciente com a síndrome e com o tratamento, com a equipe técnica, com a internação em si, com a família nesse contexto de internação. Na clínica ampliada, embora o escopo de atuação seja mais amplo, quando se trabalha com *ação terapêutica*, o foco é sempre parcial, mesmo quando o estagiário vá exercer a psicoterapia em algum aparelho da Atenção Primária em saúde. Já no Serviço de Psicologia/IPS, o estagiário terá de definir que tipo de foco será trabalhado, e esse é o desafio: como fazê-lo? Para mim, uma das riquezas dessa "supervisão multicontextualizada" está nas discussões sobre as nuances das diferenças não apenas dos focos de trabalho, mas dos objetivos, e no aprofundamento das intervenções nos diferentes contextos.

Na supervisão surgem questionamentos: quem delimita o foco de trabalho, o cliente ou o terapeuta? O cliente traz uma demanda e, dado que essa não será necessariamente o foco do processo terapêutico, embora este sempre tenha relação com a queixa, como o cliente irá aceitar um foco proposto diferente do dele? A delimitação do foco implica uma compreensão da psicodinâmica do cliente que vai sendo processualmente construída ao longo das entrevistas iniciais. Um dos elementos fundamentais para a psicoterapia breve ou de curta duração é a compreensão diagnóstica que:

> [...] implica a pesquisa dos dados necessários para o conhecimento da psicodinâmica do cliente; sua espinha dorsal são as entrevistas iniciais, que irão subsidiar o levantamento da hipótese psicodinâmica, a delimitação do que será focalizado, a indicação do modelo de terapia a ser adotado e o início da construção do vínculo terapêutico; portanto, as entrevistas iniciais são a condição *sine qua non* para uma terapia bem sucedida (Brito, 2000, p. 27).

Vale ressaltar que o modelo que construí para as entrevistas iniciais, integrando as propostas desenvolvidas por Fiorinni, Wolberg e Perez, envolve a etapa diagnóstica, a devolução da hipótese psicodinâmica, o confronto das expectativas do cliente em relação à terapia com o que vai ser oferecido em termos não só da proposta de curta duração, mas também de que forma o terapeuta trabalha, a explicitação dos recursos que pode usar e finalmente, após tudo isso estar acordado, o contrato.

A etapa diagnóstica abarca três aspectos:

- O diagnóstico psicodinâmico inicial -- uma pesquisa profunda sobre a vida do cliente a partir do que ele espontaneamente vai trazendo.
- O diagnóstico de suas condições de vida – para se ter uma ideia se esse cliente vai poder arcar ou não com algum valor, sua disponibilidade temporal e seu contexto geográfico. Esses dados são importantes para se pensar em uma proposta de contrato adequada à realidade existencial do(a) cliente.

➡ Tomando por base o que observou ao longo das entrevistas iniciais, o terapeuta irá refletir sobre como essa pessoa poderia funcionar como cliente – seu nível de motivação, como estabelece o contato e como expressa a evitação do contato, como reage às tentativas do terapeuta de facilitar a *awareness* em relação a seus processos, como é seu processo de elaboração, que linguagem verbal e não verbal usa para se expressar, se mencionou o uso de algum outro recurso expressivo, como dançar, escrever, desenhar, pintar, fazer poesias etc.

É importante ficar claro para os supervisandos que o terapeuta deve ser capaz de chegar até o mundo do cliente, de fazer a inclusão, ou seja, "voltar a existência inteira para o outro, [...] uma tentativa intensa de experienciar a experiência da outra pessoa tanto quanto a sua própria" (Hycner, 1995, p. 59), o que não é fácil, pois exige um profundo trabalho pessoal.

É muito rica a experiência da discussão no grupo a respeito do que se vai coletando nas entrevistas iniciais. Independentemente de onde está sendo o estágio, todos os supervisandos participam da discussão, pois acredito ser um ótimo treino de raciocínio clínico, ferramenta básica, a meu ver, para quaisquer práxis do psicólogo. Algumas questões vão norteando as discussões e o raciocínio para que se chegue ao foco:

1. Qual a queixa e qual a situação-problema[2]?
2. O que eu preciso saber da vida desse cliente para entender como essa queixa foi construída?
3. O que eu já sei da vida desse cliente que é importante para entender a psicodinâmica dele?

---

[2] "Situação que se torna presente na vida do indivíduo, frente à qual e por motivo de cuja ação descompensadora surgem ou podem surgir nele dificuldades de índole psíquica que operam como obstáculo para alcançar um desenvolvimento adequado" (Braier, 1986, p. 39). A situação-problema é sempre um fato concreto, motivo pelo qual o cliente decidiu, naquele momento de vida, buscar terapia; muitas vezes, a questão ou questões que constitui(em) a queixa já faz(em) parte da vida do cliente há anos. O que fez com que buscasse ajuda agora?

4. Qual a relação entre o que eu tenho de dados a respeito da vida desse cliente e a queixa?
5. O que mais eu preciso saber para entender melhor a psicodinâmica desse cliente e definir o foco?

Penso nos tecelões, tecelãs, e como, juntos/juntas, vamos buscando as pontas e desenrolando os fios de coloridos diversos da história que vai se desdobrando ao longo das entrevistas; delicadamente, esses fios vão sendo unidos no "tear do grupo" e, aos poucos, vai se desvelando o tema da tapeçaria:

> Algumas dessas linhas, como sabemos, são frágeis; outras muito engomadas, duras; outras, resilientes, enquanto outras são tão finas que se assemelham a um fio da aranha tecelã. Elas se alteram de acordo com as diferentes personalidades de cada pessoa que as produz e também com os diversos sentimentos que acompanham aquela confecção de fios (Juliano & Felippe, 2017, p. 37).

Geralmente peço ao terapeuta que traga sua hipótese psicodinâmica, mas não a revele ao grupo; nesse momento, cada membro do grupo constrói sua hipótese, e vamos discutindo o que cada um(a) acha até chegarmos ao foco, tema da tapeçaria; é um foco clássico, parcial ou múltiplo?

- O foco clássico é um aspecto ou aspectos, situação(ões) traumática(s) da história de vida do cliente, que se constitui(em) como a origem do sintoma, motivo da queixa.
- O foco parcial abarca apenas um aspecto da psicodinâmica que possa ser trabalhado dentro da delimitação temporal ou da condição existencial que o cliente traz, possibilitando, com o trabalho terapêutico, uma *awareness* e a consequente mudança no comportamento do cliente, alterando para melhor sua qualidade de vida. O foco parcial é proposto quando a psicodinâmica por trás do sintoma é tão complexa que não pode ser circunscrita em um

único foco ou quando o tempo que o cliente tem disponível para a terapia é restrito para o que realmente necessita ser trabalhado. Essa proposta me encanta, já que, em função da delimitação de seu objetivo, cria-se a possibilidade de sempre ser possível fazer algo.

- O foco múltiplo envolve mais de um aspecto da psicodinâmica do cliente, cada um em si podendo ser um foco, porém não sendo possível trabalhar um dos focos sem deixar de trabalhar o outro.

Em nosso programa, trabalhamos bastante com o foco parcial, o qual também é usado quando o contexto situacional delimita o alcance do processo psicoterapêutico, como nas terapias de crise, no âmbito da psicologia hospitalar ou em ações na clínica ampliada.

O tema levantado é uma hipótese; embora o terapeuta tenha o aporte técnico que lhe subsidie a delimitação inicial do foco, dentro do rigor de uma hermenêutica fenomenológica, o cliente é que sabe de si, não nos cabendo, na etapa da devolução da hipótese psicodinâmica, entregar ao cliente o raciocínio clínico e o foco já definido. Esse é, no início, outro ponto de angústia: como ir construindo esse raciocínio com o cliente sem direcioná-lo para o que se quer? É realmente angustiante não ter um modelo do que se deve falar; cada terapeuta terá seu jeito único de se comunicar com cada cliente, de ir devolvendo para ele(a) aquilo que lhe foi relatado e que é significativo para que ele(a) possa ir compreendendo a construção de seu sintoma e também através de perguntas irem, juntos, raciocinando até chegarem a um foco a ser trabalhado que faça sentido para aquele(a) cliente. Lembro um trecho de Polster:

> O extraordinário está precisamente ali, entre os bastidores do ordinário, na espera de uma força inspiradora que consiga libertá-lo [...]. Nada é tão grande ou tão pequeno que não possa ser incluído, [...] nesse momento os detalhes trazem uma nova luz sobre o que está acontecendo: começou uma grande aventura (1987, pp. 24, 26).

Para quem está iniciando o percurso clínico, outro desafio se apresenta: como trabalhar de forma focalizada sem restringir o discurso do(a) cliente ao tema acordado, como deixar o(a) cliente ir naturalmente trazendo o que lhe for emergindo como figura e não se perder? Aos poucos, vai-se percebendo em que momentos é possível buscar a relação entre o que está sendo trazido e o foco, como ir facilitando o desenvolvimento do suporte interno para que a *awareness* e as mudanças de comportamento possam ir acontecendo sem desrespeitar o ritmo do(a) cliente.

Na realidade, uma atitude não pode ser uma coisa programada, não pode, *a priori*, ser uma proposta de como agir diante de uma pessoa que nos traz uma situação, mas é algo que vem de dentro, fruto de muita reflexão e de experiências acumuladas, e faz emanar o mestre que existe dentro de cada um de nós. Essa atitude original nasce do encontro entre duas pessoas, do olhar na mesma direção, do amor que é sem normas e que é a única norma real, palavra-princípio por excelência (Hycner, 1995, pp. 12-3).

Tanto o estágio como a extensão, por sua dimensão prática, constituem-se como uma formação em si para a prática profissional. Em nosso caso, são um treino inicial para futuros Gestalt-terapeutas. A aprendizagem da Gestalt-terapia demanda a integração da teoria com a vivência; portanto, é importante haver momentos de prática dos recursos e experimentos utilizados na Gestalt-terapia.

> A experiência é a criadora de sulcos que se aprofundam a cada correção, a cada acerto e a cada modificação. [...] O ir e vir entre a teoria e a prática deve ser contínuo. Ver a teoria na prática [...] e recordar a prática quando compartilhamos a teoria nos permite integrar as duas facetas do conhecimento: o saber e a possibilidade de aplicar-lhe (Carabelli, 2012, p. 18).

A diversidade dos contextos de atuação expande a visão de meus alunos para uma práxis que sai das "quatro paredes" do consultório para os corredores, para as enfermarias, salas de espera, para as casas, para as ruas. Há um redimensionamento do conceito de privacidade quando se faz uma visita domiciliar ou se atende em uma enfermaria onde, muitas vezes, nem há a cortina delimitando o campo do paciente.

Há, também, uma ampliação do escopo de possibilidades de atuação quando se alarga a concepção psicoterapêutica para a terapêutica e são incluídas oficinas, passeios, atividades as mais diversas, aprendendo a desenvolver "um tipo de intervenção psicológica que acolhe a pessoa no exato momento de sua necessidade, ajudando-a a lidar melhor com seus recursos e limites" (Chaves & Henriques, 2008, p. 151).

Outro aspecto é a ressignificação do limite da temporalidade para o contato com o(a) cliente, paciente ou usuário(a), como já foi dito: o tempo do contato não definido *a priori* por um contrato terapêutico e sim pela disponibilidade daquele que está sendo atendido e/ou pela demanda do contexto. Na verdade, é ser convocado(a) a ter disponibilidade para se estar defrontando com o não planejado, e essa é uma aprendizagem que não tem preço.

Somos gente tratando de gente, e muitos atravessamentos vão acontecendo ao longo das supervisões, quando o que foi ou está sendo vivido por aqueles que estão sendo cuidados consiste em situações últimas em termos da condição humana, como a violência, a privação, o sofrimento, a falta real de esperança, a falta absoluta de recursos humanos e materiais, a impossibilidade de alteração da condição clínica/física, o impacto no modo de funcionar do *self* como personalidade pela alteração na imagem corporal provocada pela doença, a perda da possibilidade do devir na condição de cuidados paliativos e a concretude da finitude ao se acompanhar um paciente que morre. Embora eu reconheça que os atravessamentos nos vão amadurecendo como pessoas e profissionais, uma das aprendizagens importantes no grupo é o respeito aos limites das próprias fronteiras de contato; nesses momentos, é belo ver como o grupo é suportivo, como os participantes se ajudam entre si.

Tudo isso nos vai preparando como Gestalt-terapeutas, pois, como poeticamente descreve Beatriz Cardella (2015), ser um Gestalt-terapeuta

> [...] é disponibilizar-se, é sustentar-se na instabilidade, é reverenciar a singularidade dos pacientes atendendo ao chamado (vocação) para a conversão do coração, cadinho das transformações e caminho de revelação da sacralidade do si mesmo, do outro, do encontro e do ofício (pp. 79-80).

Quero encerrar essa troca de experiências dedicando este capítulo a meus queridos e queridas supervisandos e supervisandas que, ao longo desses anos, me presentearam com a confiança da entrega e tanto contribuíram para meu crescimento pessoal e profissional. Mantendo o tom poético, dedico-lhes também o poema "Um pouco de saber", do poeta Vidigal, recebido espiritualmente por Wagner D. Borges (1999):

Conhecer não é saber.
Saber é algo mais do que isso.
É transcender o que se é
para vislumbrar aquilo que pode ser.
É levantar a consciência acima do intelecto
e deixar a intuição fundir-se na informação.
Saber é capturar a atmosfera daquilo que se quer saber
para dentro daquilo que se é.
É romper as amarras do ego e vencer a si mesmo.
Alguns acham que sabem tudo.
Outros acham que não sabem nada.
Na verdade, não há ninguém, exceto o Criador, que saiba tudo.
E não há ninguém que não saiba nada.

Todos nós sabemos alguma coisa e não sabemos muito mais coisas.

Por isso, conhecer não é saber, pois aquilo que se conhece é bem pouco
perante aquilo que não se conhece ainda.
Saber mesmo é ter a noção correta daquilo que se conhece
e daquilo que pode vir a conhecer.

Em outras palavras, saber é saber que não se sabe,
mas que se pode saber um dia, o que é o verdadeiro saber.

Referências

BAUMGARDNER, P.; PERLS, F. Terapia Gestalt. México: Editorial Pax México, 2006.

BRAIER, E.A. Psicoterapia Breve de orientação psicanalítica. São Paulo: Martins Fontes. 1986.

BRITO, M.A.Q. Desafios de uma proposta de psicoterapia de curta duração na abordagem gestáltica. Revista da Abordagem Gestáltica: Phenomenological Studies, jun. 2006; XII(1):159-64.

__________. Psicoterapia de curta duração sob o enfoque da Gestalt-terapia. Coletânea do Serviço de Psicologia Professor João Ignácio de Mendonça – UFBA. Salvador: EDUFBA, 2003.

__________. Psicoterapia Breve na Abordagem Gestáltica: uma alternativa. Trabalho não publicado apresentado como Obra Prima, para o Colégio Internacional de Terapeutas, Universidade Internacional da Paz-UNIPAZ, Brasília, DF, 2000.

CARDELLA, B.H. Relação, atitude e dimensão ética do encontro terapêutico na clínica gestáltica. In: FRAZÃO, L.M.; FUKUMITSU, K.O. A clínica, a relação psicoterapêutica e o manejo em Gestalt-terapia. São Paulo: Summus, 2015:55-82.

CARABELLI, E. Entrenamiento em Gestalt. Buenos Aires: Del Nuevo Extremo, 2012.

CHAVES, P.B.; HENRIQUES, W.M. Plantão psicológico: de frente com o inesperado. Psicologia Argumento 2008; 26(53):151-7.

GILES, T.R. História do Existencialismo e da Fenomenologia. São Paulo: EPU, 1975.

HYCNER, R. De pessoa a pessoa: psicoterapia dialógica. São Paulo: Summus, 1995.

JULIANO, J.C.; FELIPPE, I.M. O tear da vida: reflexões e vivências psicoterapêuticas. São Paulo: Summus, 2017.

MALAN, D.H. The frontier of Brief Psychotherapy. New York: Plenun Press, 1976.

POLSTER, E. Cada vida merece ser una novela. Madrid: Imprenta FARESO, 1987.

RIBEIRO, J.P. Gestalt terapia de curta duração. São Paulo: Summus, 1999.

SMAll, L. As psicoterapias breves. Rio de Janeiro: Imago, 1971.

SPINELLI, E. The interpreted world: an introduction to Phenomenological Psychology. London: SAGE Publications, 1989.

Vidigal. Um pouco de saber. In: BRITO, M.A.Q. Psicoterapia breve na abordagem gestáltica: uma alternativa. Trabalho não publicado apresentado como Obra Prima para o Colégio Internacional de Terapeutas, Universidade Internacional da Paz-UNIPAZ, Brasília, DF, 2000.

9

SUPERVISÃO CLÍNICA: Uma Busca de Aprendizado e Aprimoramento

Celana Cardoso Andrade

> Formar é deixar o outro aprender,
> integrando no que ele é, os limites do que ele não é.
>
> ***(Emmanuel Carneiro Leão)***

Supervisionar... O que significa? Quem ganha com a supervisão? Quais os objetivos? Como é realizada? Quais são os resultados percebidos? Quais características um supervisor precisa ter? Seguirei o capítulo respondendo essas questões, categorizadas a partir dos resultados obtidos em pesquisa qualitativa que realizei com meus supervisandos: desde estagiários da universidade até supervisandos de meu consultório, com diferentes tempos de formação.

Com isso, meu objetivo neste capítulo é discutir acerca da supervisão com alunos do estágio em psicologia e da supervisão de maneira mais geral: o que há em comum no ensino e na aprendizagem do fazer e do pensar prático e teórico de um atendimento psicoterapêutico na supervisão? Por isso, escolhi realizar uma pesquisa que envolvesse pessoas sob supervisão desde o estágio até aquelas com mais de 15 anos de formadas e em processo de supervisão.

A ideia de buscar visões da supervisão em momentos tão diferentes de prática clínica deu-se para meu discernimento dos objetivos e dos ganhos vivenciados pelos supervisandos em diferentes etapas de suas carreiras:

- Será que existem tantas diferenças?
- Como eles percebem a supervisão?
- O que consideram importante nesse processo?
- O que esperam de um supervisor?
- Quais mudanças percebem em seus atendimentos a partir da supervisão?
- Quais as implicações dessas mudanças em seus atendimentos clínicos?

As supervisões que coordeno são normalmente em grupo, salvo uma ou outra exceção. A escolha pela supervisão em grupo se dá por eu acreditar que, mais do que entender um caso, o supervisando precisa aprender a fazer a leitura de qualquer caso. O distanciamento de um caso – quando outra pessoa está apresentando – propicia um desenvolvimento do pensar clínico, o que considero muito mais amplo do que compreender um pouco mais de um caso específico. Enfim, o supervisando em grupo ganha quando apresenta seu caso e quando outras pessoas estão apresentando os seus.

Na época da pesquisa, eu coordenava quatro grupos de supervisão: um de estagiários, um de recém-formados, um com pessoas que tinham em torno de 5 a 10 anos de atuação na área e, por último, um de pessoas com bastante experiência clínica (pelo menos 15 anos de atendimentos clínicos). Todos eles tinham a Gestalt-terapia como abordagem de atuação.

Após falar sobre a pesquisa com os supervisandos, enviei a seguinte pergunta por *e-mail*: “Gostaria de pedir a vocês que me escrevam sobre *o que, onde* e *como* a supervisão as/os ajuda e o que vocês acreditam que um supervisor precisa ter como qualidades/características." Na época, recebi respostas de todos os grupos, mas não de todas as pessoas. Foram 12 respostas, as quais contemplaram todas as fases sob supervisão (aprendizes, iniciantes, iniciados e supervisão avançada), e todas foram analisadas.

Ao receber as respostas e analisá-las, além de ficar muito bem impressionada com o que li, o formato deste capítulo ficou muito claro para mim. Percebi que eu não tinha noção de como os supervisandos percebem os supervisores e a importância disso para a formação do psicólogo clínico. Mostraram-me uma relevância maior do que aquela que eu mesma imaginava.

Pretendo discutir pontos e temas comuns aos diversos relatos a fim de ilustrar e dar força ao que entendo sobre supervisão. Descreverei um pouco do que faço como supervisora e como esse modo de supervisionar chega aos supervisandos. Supervisionar um colega ou um futuro colega de profissão é tarefa que coloca o supervisor em um lugar de doação, pois se trata de passar ao outro o que se sabe de maneira límpida e com a intenção de que ele cresça e alcance lugar profissional igual ou superior ao seu próprio.

O QUE CHAMO DE SUPERVISÃO

Supervisão é um lugar no qual um segundo profissional da área, capacitado para tal, tem, por estar fora do contexto do atendimento propriamente dito, a função de utilizar sua própria experiência clínica como recurso de ensino e de aprimoramento da capacidade do supervisando de ampliar sua compreensão dos casos que está acompanhando e, mais que isso, de aprimorar seus atendimentos de maneira geral.

A supervisão deve ter como objetivo facilitar e aprimorar a prática profissional por meio de discussões e reflexões acerca da atuação do profissional, fomentadas pelo olhar do supervisor e do próprio psicoterapeuta, ao olhar novamente sua atuação e o caso em si.

> Olhar o caso novamente, e com outra pessoa que tem mais experiência, abre novas possibilidades no processo psicoterapêutico. É incrível o atendimento depois de melhor compreender o caso.

Os colaboradores da pesquisa definem supervisão como um lugar em que o supervisando passa a compreender suas "dificuldades" e encontra caminhos para uma melhor atuação. Isso é possibilitado pela "visão distanciada", experiência e didática do supervisor e pela abertura do supervisando ao que é falado na supervisão.

> Não é fácil ouvir que você não percebeu algo, que talvez esteja em um caminho errado, que talvez precise estudar mais, que o que você está fazendo foge do método de investigação compreensiva. Mas, quando você abre para a crítica e realmente consegue escutar no lugar de se defender, o caminho se abre.

Os participantes relatam que a supervisão representa a chance de ampliarem a teoria dos livros ao integrarem teoria e prática. Sá, Azevedo e Leite (2010) afirmam que a supervisão desenvolve a disponibilidade para que o supervisando encontre seu próprio estilo, seu caminho, e se envolva na relação com o outro embasado filosófica, teórica e metodologicamente, sem perder sua singularidade, tão cara às abordagens fenomenológico-existenciais.

> Devagar, o encontro da teoria e da prática acontece de tal maneira que podemos realmente ter um jeito próprio de atender.

Os autores tocam em um tema que será sempre um desafio para a dupla supervisor-supervisando: de um lado, ensinar sem impor estilo e, de outro, aprender sem se perder nos "modelos" tão preciosos e tentadores de seguir. Sabemos que o supervisor tem a tarefa de não deixar isso acontecer, ao dar espaço, confirmar e validar o que o supervisando tem feito até então.

> Minha supervisora conseguiu algo que eu considero muito precioso. Sempre destacava o que eu estava fazendo de bom, sem jamais deixar de falar onde precisava observar melhor, fazer melhor. Como escutava o bom, era mais fácil escutar o ruim.

Necessita-se valorizar o que está sendo feito e pontuar o que precisa ser acrescentado para um trabalho sério, competente, respeitoso e ético.

Por outro lado, o supervisando precisa entrar em processo de supervisão, permitir-se receber ajuda e aceitar que se encontra em um lugar de aprendizagem, de olhar para suas dificuldades, um lugar de crescimento. Demanda exposição, humildade, resiliência, coragem, verdade, disponibilidade e confiança. O supervisando se expõe ao levar seu caso e suas dificuldades em relação a ele.

> Entendo como qualidades importantes do(a) supervisor(a): ter anos de experiência na frente, ter sensibilidade de compreender o que é insegurança do terapeuta iniciante e o que é lacuna teórica/técnica – orientando-o a partir disso – sugerir leituras e materiais de busca, sugerir possíveis caminhos de intervenção terapêutica e ajudá-lo a entender como trabalhar as demandas apresentadas pelos clientes.

A dupla supervisor-supervisando precisa compreender que aprendizagem é processo que exige estudo, prática e esforço para crescer em uma tarefa em que cada caso é uma novidade e precisa ser visto como único. O atendimento é o momento em que a experiência passa a ser o ponto de abertura para a compreensão da teoria. No entanto, o processo de supervisão também exige a prática e a abertura ao inesperado.

> O supervisor contribui para perceber o que se dá no encontro, no *entre* psicoterapeuta e cliente. Com isso, não corre o risco de ficar apenas no campo teórico, perdendo o campo vivencial e relacional.

Sá et al. (2010) destacam que "as questões da vida, ainda que se repitam, somente fazem sentido a partir do contexto existencial concreto em que surgem, como se fossem feitas sempre pela primeira vez" (p. 139).

Para quem é a supervisão:
do estagiário ao terapeuta de longa data

Primeiro dia de aula do estágio supervisionado, nove alunos na minha frente, com muita expectativa de atender e, ao mesmo tempo, muito medo de iniciar o processo de atendimento em psicoterapia. Pergunto como eles estão e recebo as seguintes respostas: "Muito ansiosa!"; "Curioso!"; "Com medo de não conseguir aplicar a teoria na prática!"; "Pronto para arriscar (imediatamente diz que nem tanto e sorri)!"; "Muita responsabilidade!", e por aí vai – em um misto de motivação e ansiedade: motivação pela experiência do contato direto com a prática psicológica clínica e ansiedade pelos medos, fantasias e senso de responsabilidade que envolve o encontro terapeuta/estagiário-cliente.

> Há uma preocupação – legítima na intenção, mas ingênua na aplicação – em tentar dar conta do atendimento e da demanda do cliente, de estar preparado, de saber de antemão o que deve ser feito, como agir. No entanto, é impossível dar quaisquer garantias do que vai acontecer no momento em que o estagiário e o cliente estiverem frente a frente, estabelecendo uma relação. Aquilo que é próprio do encontro não pode ser antecipado, apenas vivido (Sá, Azevedo & Leite, 2010, p. 136).

Também provoca ansiedade e motivação no supervisor a falta de garantia do que irá acontecer no encontro terapeuta/estagiário--cliente e de como será o processo de aprendizagem daquele grupo que inicia o estágio. Ao ouvi-los, parei e fiz internamente a mesma pergunta para mim, a supervisora. Minhas respostas não foram tão diferentes e me peguei pensando em como consigo ajudar alunos que nunca atenderam a iniciar seus atendimentos; alunos que inicialmente, pelo nível de ansiedade, mal escutam o que o cliente traz e que, após 1 ano, saem muito melhores, conseguindo fazer boas leituras, investigações mais precisas e ajudando aqueles que chegam a seus consultórios a terem mais consciência de si mesmos, dos que os cercam e do contexto em que estão situados, bem como mais autonomia e escolhas mais condizentes com o que podem e/ou desejam – enfim, com seus projetos de vida. Uma colaboradora afirma:

> Lembro que eu tinha muito medo de não conseguir atender no estágio ou de cometer muitos erros; e hoje, depois de 5 meses atendendo, já me sinto segura, e isso se deve, em grande parte, às supervisões.

No estágio, a supervisão envolve um aspecto de treino – ou aprendizado – do aluno que está começando a atuar. Costumo dizer que é um último passo para tornar-se profissional e, ao mesmo tempo, o primeiro contato com a atuação "profissional"". Boeckel et al. (2010) apontam, por sua vez, a importância da atividade de supervisão no estágio e destacam que o acompanhamento, a orientação e a avaliação dos supervisores possibilitam que os acadêmicos estagiários sistematizem, avaliem suas intervenções e vão conquistando confiança em suas atuações. Como observa um colaborador:

> Não consigo imaginar um início na clínica sem esse suporte: começar a atender é como tatear no escuro. Não há fórmula mágica, não há como ver o que ainda está por vir. Encontrei, no entanto, na minha supervisora a companhia que detinha não apenas a lanterna, mas que também já estava familiarizada com o caminho. Na supervisão, caminhamos de mãos dadas rumo ao fim dos vários túneis que nos aguardam por aí.

Tudo isso é muito importante, mas acredito, como Sá et al. (2010), que o grande objetivo do aluno estagiário é "desenvolver a disponibilidade de habitar o próprio caminho, para envolver-se, aqui e agora, de modo singular, na relação com o outro que nos vem ao encontro" (p. 139). "Habitar o próprio caminho", ou seja, ter sua maneira de atender sem se desviar da fundamentação teórica, filosófica e metodológica de sua abordagem, é uma tarefa para toda a vida profissional do psicoterapeuta. A colaboradora afirma:

> A supervisão de estágio foi muito importante para, aos poucos, ir encontrando a minha própria forma de estar diante dos meus clientes.

O estagiário se forma e tem a sensação de que a partir dali precisa tornar-se excelente terapeuta. Perde o conforto de ser acompanhado pelo professor/supervisor, perde o direito de estar aprendendo, perde o direito, até mesmo, de não saber o que fazer com aquele cliente. É invadido por expectativas e cobranças de um recém-formado e, como afirma Andrade (2010), sabemos que não cabe a ele nada além de sua capacidade de atuar naquela fase de sua vida profissional.

> A supervisão me ajudou a entender que eu não preciso saber de tudo, ainda mais no início.

Nesse momento, o papel do supervisor é essencial, pois ajuda a equilibrar o vasto universo de sensações ali presentes, além de auxiliar a condução dos primeiros anos de atendimento. Na verdade, o recém-formado precisa apenas continuar o que já começou no estágio, e até mesmo antes do estágio. Precisa continuar aprendendo, aprimorando-se, acreditar na solidez do que já fez e nele mesmo, considerando seu tamanho e sua experiência.

O tempo passa, e o profissional já tem seu estilo; o frio na barriga já não é tão figura, mas, ainda assim, alguns casos são complicados de seguir adiante sem outra visão, sem uma discussão do caso. A necessidade de se aprimorar é constante, e as pessoas, mesmo conduzindo bem os processos psicoterapêuticos, decidem fazer supervisão.

Minha experiência com esses grupos é riquíssima. O olhar do supervisor continua tendo força, mas sua postura é diferente. Ele tem a tarefa de mobilizar o potencial do supervisando e do grupo como um todo. Parafraseando Andrade (2014), na supervisão existem pelo menos duas pessoas olhando ativamente para o mesmo fenômeno; no entanto, o atendimento é do supervisando, e ele precisa completá-lo. Assim como o cliente sabe mais de sua própria vida que o terapeuta, o supervisando sabe mais de seu cliente que o supervisor.

No grupo avançado de supervisão, o olhar e o comentário de cada supervisando têm uma relevância diferente em relação aos grupos de estágio ou iniciantes na terapia, o que provoca, além de uma ampliação das possibilidades nos atendimentos, um aprofundamento do caso a partir, também, dos pares.

> Para mim, a supervisão tem um significado que já vem do nome: super-visão. É como ter um olhar ampliado dos casos clínicos: pela visão do supervisor e, quando em grupo, dos colegas.

Confiar, valorizar o que seu par fala, leva o supervisando a ir confiando, cada vez mais, em si mesmo. Com isso, o crescimento de cada membro do grupo e do grupo como um todo é significativo. Existe um reconhecimento do bom trabalho do colega e, consequentemente, de seu próprio trabalho.

Em síntese, a supervisão pode acontecer em qualquer momento profissional. Ela não deve virar uma muleta; pelo contrário, deve dar suporte a um melhor atendimento e levar a uma autonomia nos atendimentos, com mais segurança quanto ao "que" e ao "como" está fazendo. A fim de alcançar esse aprendizado e/ou aprimoramento profissional, alguns objetivos são desejáveis em uma supervisão.

OBJETIVOS DA SUPERVISÃO

O objetivo maior é ajudar o supervisando a ampliar a compreensão de sua maneira de atender ou de um caso específico, de olhar para o que já tem e para o que falta, tanto no nível teórico como no prático e pessoal, e observar quais fatores têm travado seu trabalho como psicoterapeuta ou um processo específico. Enfim, a supervisão lapida o trabalho do psicoterapeuta, essa atividade tão distante de respostas prontas e tão próxima do sofrimento humano.

O sofrimento humano clama por esperança, por um novo caminho. Cabe ao profissional acompanhá-lo, mesmo sabendo que a direção deve ser encontrada pelo cliente. No entanto, ele também sabe que a tarefa de andar no escuro pode ser facilitada por qualquer luz, e muitas vezes a ampliação da visão é obtida com a ajuda do terapeuta, desde um "simples" estar junto até uma investigação que amplie o campo de possibilidades do cliente.

As principais dificuldades levadas pelos supervisandos à supervisão com base na Gestalt-terapia são: fazer uma boa investigação fenomenológica, ir além do que está sendo dito (conteúdo) e perceber a forma daquela pessoa ser no mundo (processo), dialogar com fluidez e solidez, ter recursos experimentais suficientes, acessar a totalidade, encontrar o eixo da sessão, deixar-se afetar pelo cliente e ampliar o contato do cliente. Se essas são as grandes dificuldades, é por esse caminho que a supervisão tende a andar.

Quando menciono uma boa investigação, refiro-me a não ficarmos em uma, duas ou três perguntas e acreditar que o fenômeno já foi compreendido. O iniciante, principalmente, tem a tendência de acreditar que já compreendeu o que o cliente está trazendo para a terapia mesmo antes de o cliente compreender sua questão – como se quanto mais rápido ele entendesse o que está sendo dito mais competente ele seria. Essa é uma armadilha no processo psicoterapêutico.

> Era sempre um susto perceber o quanto eu achava que sabia do cliente e o quanto não dava conta de responder quase nada do que a supervisora me indagava sobre a questão do cliente. Fui vendo o quanto parava a investigação sem entender a questão posta.

O terapeuta e o cliente saem de um lugar e vão para outro sem consciência do que realmente está acontecendo. Faz-se uma investigação rasa e já se dão por satisfeitos. Com o tempo, corre-se mais o risco de ter prejudicado o cliente do que de tê-lo ajudado. O cliente perde a possibilidade de ter uma compreensão de si mesmo e ganha vários rótulos. O rótulo já é um perigo em si, uma vez que determina e faz perder a noção do vir a ser – imagine quando o rótulo ainda está desconectado com o que a pessoa está vivenciando no momento em que o recebe.

Uma boa investigação deve ser cuidadosa e levar o tempo necessário. Como diz Beisser (1980), por meio da *teoria paradoxal da mudança*: preciso entrar em algo de fato para ter a chance de "resolver", de "sair" daquele lugar de um jeito diferente. Costumo dizer que fazer as primeiras perguntas é simples, mas realmente investigar o fenômeno exige paciência, maestria, desprendimento de preconceitos e, sobretudo, querer saber mais e mais a respeito de algo que está sendo desvelado na sessão. O terapeuta precisa libertar-se da necessidade de entender o cliente imediatamente.

Prender-se ao conteúdo é ficar apenas na fala do cliente, ou até mesmo no corpo, sem perceber a totalidade que está ali, um movimento presente, um modo de apresentar-se – como se o cliente falasse e o terapeuta ouvisse apenas o que está sendo dito, sem tentar integrar o sentido daquilo. Um exemplo para tornar mais claro: o cliente está verborreico, contando um fato; em vez de querer saber mais e mais acerca dos detalhes do que ele está contando, o terapeuta pergunta: "Como está sendo viver esta situação?" Nesse momento, não interessa saber mais sobre o fato, mas como a pessoa o está vivenciando. Nesse momento, terapeuta e cliente ultrapassam o conteúdo e atingem o processo.

O terapeuta não ajuda o cliente a ir além do que ele já sabe de si apenas ao investigar o conteúdo. A pessoa precisa perceber como ela está na situação.

> Uma das coisas que mais precisei da supervisora era entender o movimento do cliente na vida dele. Quando conseguia acessar isso, minhas intervenções ficavam mais interessantes, pois levava os clientes a uma maior reflexão de si mesmos.

O diálogo é uma abertura para o que está acontecendo, para o inesperado, despido de preconceitos e respostas prontas. Trata-se da disposição de se colocar no processo de maneira presente e inteira. Para o iniciante, não é fácil se deixar levar pelo que está acontecendo, muito menos pelo inesperado. Não é simples escutar o que está sendo dito e o não dito e responder a partir do que se ouviu. A tendência é, em razão da ansiedade, elaborar uma pergunta quando se percebe algo e deixar de ouvir o restante do que está sendo dito. Nesse momento, o supervisando perde a totalidade.

> A supervisão amplia meu olhar não só para os diferentes lados de uma história, mas minha percepção de como ouço aquela história. Estou menos ansiosa para fazer as perguntas. Aprendi que devo fazê-las apenas quando elas apareceram, senão ficam forçadas.

Outro modo de interromper um diálogo é deixar-se invadir por preconceitos. Por exemplo, uma pessoa fala de um fato e o terapeuta entende rapidamente que aquilo traz muito sofrimento e não percebe o real sofrimento do cliente ou mesmo outro sentimento qualquer que a pessoa vivenciou ao experimentar a situação. Dialogar é uma arte que precisa ser desenvolvida.

O diálogo é a base para o atendimento em Gestalt-terapia; no entanto, em algum momento ele deixa de ser suficiente para aprofundar alguma questão e temos como recurso os experimentos, que ajudam o cliente a dar o próximo passo. Um desenho, uma metáfora, perceber o corpo, entre outros, são experimentos potentes no atendimento. O experimento deve surgir no momento e a serviço do cliente.

> Muitas vezes não sabia o que fazer e a supervisora me indicava algum experimento. Com o tempo os experimentos começaram a vir com mais naturalidade.

O profissional, muitas vezes, se vê sem recursos para continuar a investigação por não saber o que fazer. Um exemplo: o cliente chega e fala: "Ontem tive um sonho que me deixou bem mobilizado." O terapeuta não sabe trabalhar com sonhos, ouve um pouco mais o que o cliente está contando e diz: "O que você quer trabalhar hoje?" Em outras palavras, por falta de recursos, o terapeuta perde a oportunidade de trabalhar o sonho trazido pelo cliente.

Auxiliar o cliente a alcançar a totalidade é ajudá-lo a ver sentimentos, pensamentos e ações que estão no campo, é perceber o que existe além daquilo de que ele já tem consciência. Alcançar a totalidade leva à ampliação de possibilidades e, com isso, o cliente percebe-se com mais recursos.

> A supervisão ajuda a ampliar a compreensão acerca dos casos e do movimento de vida dos clientes. Ajuda a ver a totalidade nos processos das pessoas atendidas, mostrando ao jovem terapeuta facetas que podem ter passado despercebidas, ou até mesmo chamando seu olhar para novos campos e formas de trabalhar nunca antes cogitadas. A supervisão ajuda a treinar um olhar clínico que integra.

Cabe ao terapeuta ajudá-lo a olhar para além do que ele já percebe. Muitas vezes, o terapeuta também não consegue fazer esse exercício de ampliação. Um exemplo: o supervisionado chega à supervisão contando o caso e só traz a dor da pessoa, completamente misturado com o cliente. Quando escuto o caso e pergunto, por exemplo, qual a responsabilidade da pessoa na situação, o supervisando leva um susto, como se o cliente fosse apenas a vítima. Na semana seguinte tenho o retorno do caso e escuto: "Foi ótimo investigar o outro lado. O cliente ampliou muito sua consciência em relação ao que está vivendo." Nada é isolado, tudo está inserido em um contexto que precisa ser investigado em sua totalidade.

Acessar o eixo da sessão é perceber seu tema. Muitas vezes, o cliente começa a sessão com o tema; em outras ocasiões ele precisa de um tempo para aquecer, contando coisas que não envolvem maiores questões a serem trabalhadas. O terapeuta deve perceber o momento em que o cliente traz algo que merece ser aprofundado. Se ele não consegue fazer isso, corre o risco de investigar algo sem energia, ou seja, algo que não seja figura.

> A supervisora busca esclarecer o funcionamento de uma pessoa específica que está em atendimento, ou seja, ampliar o entendimento do profissional acerca das necessidades e dinâmica psíquico-afetiva daquela pessoa singular que é seu cliente, verificando como ele se relaciona com o mundo do qual faz parte. É aquilo que chamamos de "eixo existencial" que está entretecido no cotidiano da pessoa e muitas vezes lhe é estranho.

Muitas vezes, o supervisando entra em lugares e não consegue seguir adiante, simplesmente porque está investigando algo sem força para o cliente. Quando percebemos o eixo da sessão, mesmo que a pessoa fale de várias coisas diferentes, o terapeuta faz a ligação do que o cliente está dizendo com algo que vai fazendo cada vez mais sentido para o cliente, dentro do que ele está vivendo.

Outra dificuldade dos supervisandos, sobretudo dos iniciantes, é se deixar afetar pelo cliente, o que é destacado por um colaborador:

> Considerando que trabalho com uma abordagem que entende que o psicoterapeuta está "implicado" como parte integrante do processo psicoterapêutico, eu entendo que a supervisão tem o objetivo de instrumentalizar o terapeuta; dotá-lo de conhecimentos sobre como aquele cliente em especial o sensibiliza ou não, o afeta ou não, a fim de colocar essa percepção a serviço do atendimento.

Costumo dizer que existem três fases no processo de atendimento. Na primeira, o supervisando está tão ansioso com o atendimento e no atendimento que praticamente não escuta o cliente, uma vez que seu barulho interno está tão alto que não é capaz de ouvir. Uma segunda fase é quando o supervisando passa a ouvir o cliente, mas não se ouve, passando a ter perguntas mais eficientes, porém ainda muito técnicas e previsíveis. Até chegar o momento em que ele escuta o cliente e a si mesmo. Nesse momento, ele é afetado pelo que o cliente está dizendo, ou seja, ele se aproxima do cliente, percebe o que está acontecendo, deixa-se afetar, afasta-se, percebe o que que o cliente está vivendo provoca nele e faz uma intervenção, uma pergunta. Normalmente, essa pergunta vai além da técnica, é dialógica e extremamente potente.

Por último, uma dificuldade muito comum é não conseguir ajudar o cliente a entrar em contato consigo, com o outro e com o mundo. O supervisando costuma chegar dizendo que o cliente tem muita dificuldade de contato, e isso realmente pode ser uma verdade, mas, ao mesmo tempo, é necessário averiguar as dificuldades do supervisando para ajudar a pessoa a entrar em contato com suas questões.

> Na supervisão, comecei a ver de quem era a responsabilidade pela terapia não andar. Sempre colocava a culpa no cliente. Depois fui vendo que poderia ser um problema na minha investigação e/ou até mesmo algo que não estava percebendo entre nós dois: terapeuta-cliente.

Sempre digo que é cômodo imputar ao cliente a culpa pela falta de contato. Na supervisão, tenta-se descobrir outras maneiras de acessar o cliente, já que a que está sendo utilizada não vem surtindo efeito. Assim como o contato só se faz com o diferente, precisamos fazer diferente para ajudar o cliente a entrar em contato.

Enfim, a supervisão tem o objetivo de ajudar o supervisando a aprofundar o caso, fazendo seu cliente alcançar mais clareza de si, de como atua no mundo, de seus projetos, de suas possibilidades para conquistar uma vida que faça mais sentido para ele mesmo.

Como alcançar os objetivos da terapia

Como ajudar o supervisando a acessar suas dificuldades, assumi-las e tentar fazer algo diferente do que tem feito?

O primeiro passo consiste em estabelecer um nível de confiança supervisor-supervisandos e entre os supervisandos para que possam sentir-se com mais liberdade para se expor e externar suas dúvidas e receios, seus não saberes. Em relação ao supervisor, o supervisando precisa acreditar em seu conhecimento, em sua ética, em sua postura enquanto pessoa e terapeuta, enfim, o supervisando escolhe um supervisor por sua capacidade de trabalho e pela empatia.

Apenas a qualidade profissional não sustenta uma supervisão por muito tempo. De nada adianta a competência teórica e técnica se o supervisor não consegue se colocar no lugar do supervisando, não consegue acolhê-lo em suas necessidades, não abre espaço para uma relação honesta, afetiva e assertiva.

> Supervisão para mim tem um processo muito semelhante ao psicoterapêutico: você tem que ter vínculo com a supervisora e com o grupo. Não é só a supervisora ser boa e experiente. O lugar de supervisionando é muito exposto, demanda humildade, coragem e disponibilidade, e nada disso ocorre sem confiança.

Além do supervisor, o supervisando tem um grupo do qual faz parte e que nem sempre é escolhido por ele. Em vista disso, ele também precisa confiar no grupo, uma vez que não é fácil se expor na frente de um par, de uma pessoa que tem o mesmo tempo de experiência e, talvez, trabalhe melhor, de uma pessoa que pode deixar de indicá-lo por perceber suas inseguranças ou dificuldades. Estabelecido o vínculo com o supervisor e os outros supervisandos, a supervisão começa.

> A supervisão foi para mim a grande referência de atendimento clínico. Faltavam referências reais, e não casos de livros. Faltava escutar pessoas que estavam no mesmo lugar que eu, e não só professores com a carreira encaminhada. Faltava personalização, um orientador que estivesse comigo, puxando a minha orelha e mostrando caminhos que tinham a ver comigo, no lugar que eu ocupava.

Passado esse momento inicial no grupo, os supervisandos são liberados para mostrar suas dificuldades e acabam percebendo o quanto é importante falar com pessoas com a mesma experiência, e que todos têm dificuldades e inseguranças. Do temor, a pessoa alcança um espaço de compaixão, de segurança e de pertencimento e percebe como é importante ver que suas questões, de alguma maneira, também estão no outro, que sua fragilidade abre espaço para o outro falar da própria fragilidade, um espaço em que há outra pessoa que também fica ansiosa, que também tem dúvidas, que tem seus casos *travados*.

> As dificuldades de meus colegas de supervisão me davam chão para eu mostrar as minhas. Era quase um apoio para eu aparecer como uma pessoa que não sabe que tem dúvidas.

Do grupo de estagiários até o grupo avançado de supervisão, as diferentes maneiras de atender dos supervisandos e as observações de cada pessoa enriquecem o caso que está sendo apresentado. Cada olhar o amplia. Quanto mais avançado é o grupo, mais as pessoas sentem liberdade para colocarem seus pontos de vista e, quanto mais as pessoas se colocam na supervisão, menos diretivo é o supervisor. Com o tempo, dependendo do nível do grupo, o supervisor passa a ter a função de alinhavar o que está sendo discutido sobre o caso pelos próprios supervisandos.

O supervisor também tem seus desafios, um dos quais é grande e consiste em ajudar o supervisando a buscar independência nos atendimentos, de maneira gradual e sem expectativas para além do possível, ou seja, ajudá-lo a dar sempre um próximo passo. Esse passo a passo exige paciência dos dois lados, e cabe ao supervisor, com sua experiência, focar na potência e não somente nas dificuldades encontradas.

Cabe ao supervisor ter a delicadeza de promover a confiança do supervisando sem deixar de lado a necessidade de melhorar a cada dia. Cabe estar disponível para escutar as dúvidas e incertezas sem diminuir o supervisando. Trata-se de uma dança entre o que está sendo feito e o que pode ser alcançado de maneira suave. É sair gradativamente do heterossuporte para a autonomia no atendimento (Andrade, 2014).

> Eu senti a supervisora criando comigo e não por mim. Acredito que isso seja fundamental para que o supervisionado não fique acomodado ou dependente, esperando o raciocínio do supervisor.

O supervisor precisa respeitar o lugar em que o supervisando se encontra e ajudá-lo a prosseguir no caminho tão desejado, que é um atendimento de maior excelência. Para tal, o terapeuta precisa dirigir-se ao supervisando de maneira assertiva, respeitosa e verdadeira para falar sobre o que tem percebido de seus atendimentos – uma fala que não o humilhe; pelo contrário, que o deixe interessado em ser a cada dia um terapeuta melhor. Aqui, cabe ao supervisor deixar claro o caminho de seu raciocínio. Se o supervisor demonstra um saber "mágico", ele passa a noção de ser inalcançável.

> Supervisionar com qualidade envolve mais que apenas reproduzir conhecimento, também diz do modo como isso é feito, pois o supervisor já sabe, mas o supervisionado não. Então é muito importante ele mostrar como chegou àquela observação, para não parecer que ele sabe muito e os supervisionandos são incapazes de perceber.

O supervisor precisa apontar o que está percebendo, mesmo que seja um lugar delicado. Convém saber corrigir, quando necessário, e mostrar o que está sendo feito e o que afasta do método de investigação, ou mesmo discutir se a dificuldade encontrada poderia ser relacional e não teórica ou metodológica. Enfim, precisa buscar, com o supervisando, o que o está impedindo de ajudar seu cliente.

Os erros e falhas de iniciante me eram apontados e corrigidos, o que só me fazia ter vontade de buscar o melhor. E acredito que é isso que um supervisor deve ter, além de toda sua experiência e conhecimento: o equilíbrio entre confirmar e estar presente na caminhada do seu supervisando e indicar os erros que acontecem pelo caminho na nossa profissão. [...] Hoje consigo ver que sempre que havia falhas minhas eu buscava corrigi-las, não com medo ou desespero, mas com a segurança e a confiança que me eram passadas por ela.

Ao identificar a dificuldade, o supervisor precisa ajudá-lo a pensar em outros caminhos a seguir, além de apontar falhas na formação, leituras a serem feitas, questões que precisam ser trabalhadas no processo de terapia pessoal. Precisa saber elogiar o que já está sendo feito de positivo. Cabe lembrar que a pessoa cresce percebendo tanto suas potências como seus impasses – ficar em um ou em outro, de maneira isolada, não contribui para a evolução do supervisando. O supervisor é um ponto de apoio sem se transformar em uma muleta desnecessária.

Esse caminhar em busca da qualidade do atendimento envolve, além da supervisão, a assimilação da teoria e da prática e uma terapia pessoal. A assimilação da teoria na prática é visível na supervisão, uma vez que possibilita a compreensão teórica do que está sendo realizado nos atendimentos.

A possibilidade, por meio da discussão de casos, de promover o amadurecimento da teoria. Através da supervisão, o "fazer" se amplia para se transformar num fazer pensado pelo psicoterapeuta, e a teoria deixa de ser letra morta e ganha vida e significado, inclusive podendo ser revista e reescrita.

Envolve terapia, pois sabemos que o terapeuta não consegue ir com o cliente além do que ele mesmo já foi em sua terapia, ou seja, um terapeuta com muita dificuldade de contato não ajuda o cliente, que também tem dificuldade de contato, a progredir na terapia. Mesmo quando o cliente consegue acessar suas dores com facilidade, o terapeuta que não consegue costuma interrompê-lo por acreditar que, se continuasse investigando aquele fato ou experiência, seria muito doloroso para o cliente. Claro que isso é uma projeção e revela a incapacidade de ir além do que ele mesmo consegue ir em sua própria terapia. Ouso dizer que, por isso, o terapeuta deve escolher seu próprio terapeuta com cuidado e zelo.

> Quantas vezes ouvi da supervisora: seu cliente está com dificuldade de contato ou você está com dificuldade de ajudar seu cliente a entrar em contato?

Por fim, acredito que o supervisor precisa ajudar o supervisando a acreditar que suas características pessoais não devem ser descartadas em seu trabalho. Com isso, o supervisando afasta-se de seus modelos ideais e começa a olhar para o possível, que é sempre mais consistente do que as fantasias. Para isso, o supervisor deve perceber e realçar o que ele tem de bom. Um colaborador destaca:

> [...] acredito que um bom supervisor chama a atenção, mas não humilha. Não tenta colocar o seu jeito como o certo, entende o estilo do supervisionado e o auxilia a partir disso.

Se somos instrumentos de nossos trabalhos, precisamos de nós mesmos no trabalho. Então, de nada adianta querer atender como o supervisor, um professor ou até mesmo um colega. Cada terapeuta vai usando seu próprio jeito de atender, uns sendo mais dialógicos, outros mais experimentais; outros conseguem dirigir-se mais para o processo do cliente, para seu eixo existencial, havendo ainda aqueles que permanecem muito tempo no conteúdo trazido por seus clientes. Andrade (2010) aconselha o jovem terapeuta:

> Entregue-se a esse atendimento, do seu jeito e do seu tamanho, você! Vá ao encontro de seu cliente, encontre-o como e onde você e ele estão, com toda sua inexperiência e vontade (p. 224).

O supervisando precisa mostrar o que ele está fazendo da maneira mais clara possível; precisa despir-se e confiar. Caso contrário, o supervisor não consegue ajudá-lo.

Existem várias maneiras de apresentar um caso. As duas formas mais comuns em minhas supervisões são: ou o caso pode ser levado de maneira verbal, quando o supervisando fala sobre o caso e onde ele está com dificuldade, ou por meio da transcrição da sessão, sobretudo ainda no período de estágio. Quando o caso é contado de maneira verbal, a supervisão tem a tarefa de tentar ampliar a visão a respeito daquele caso ao mostrar caminhos a serem investigados com mais detalhes, tentando encontrar supostas barreiras na relação terapeuta-cliente e deixando o supervisando mais preparado para dar continuidade aos atendimentos, tanto do caso específico como dos outros que ele acompanha.

A transcrição é importante para a dupla supervisor-supervisando perceber o passo a passo da terapia e revela exatamente o que está sendo feito. Ao transcrever, o supervisando repassa o caso em voz alta e começa a perceber suas falhas – por exemplo quando cortou o cliente sem necessidade, quando não conseguiu ouvi-lo e acabou perguntando algo fora do contexto, quando mudou de assunto repentinamente por não conseguir continuar investigando algo ou por achar que já estava entendido, quando não conseguiu captar a essência do que estava sendo dito etc.

> Tinha pavor até mesmo de transcrever as sessões. Na transcrição, lia exatamente o que foi dito por mim e pelo cliente. Quantas coisas passavam sem eu perceber. [...] Mostrar a transcrição para minha supervisora e colegas foi outro passo importante,

> pois ali estava me desnudando. [...] Hoje não tenho nenhuma dúvida de que foi um dos lugares mais importantes da supervisão, ver meus desvios com tanta nitidez. [...] A mesma transcrição que me assustava me deu a chance tanto de aprender quanto de ver meu crescimento enquanto terapeuta.

A transcrição é utilizada até mesmo no treinamento dos estagiários, antes dos primeiros atendimentos. Repasso algumas transcrições de atendimentos, obviamente sem dados sobre quem foi atendido e quem atendeu, para que eles leiam e escrevam o que o cliente estava dizendo, de modo que possam aprender a perceber a essência da fala do cliente e imaginar qual seria sua intervenção. É impressionante o quanto eles crescem apenas com esse exercício.

Efeitos da supervisão

Gostaria de apresentar nesta parte do capítulo o que os colaboradores da pesquisa entendem como consequências ou efeitos de um processo de supervisão: mais confiança, melhor raciocínio clínico, a importância da terapia na atenção a uma atuação de mais excelência e ética, a integração sustentada da teoria e da prática e maiores autonomia e aceitação de sua própria maneira de atender sem perder os princípios e o método de abordagem.

A confiança e a segurança para continuar atendendo o caso que complicou, bem como os demais, é uma fala comum entre os colaboradores. Expressa sentimentos que eles vão desenvolvendo, se não apenas por compreenderem melhor os casos, por perceberem que cada caso revisto lhes dá suporte para o atendimento de outros que não estão diretamente em supervisão.

> A supervisão contribuiu imensamente para que eu experienciasse o estágio com confiança e segurança, ética, profissionalismo teórico-prático. Sabia que podia errar e teria alguém para achar uma solução comigo.

Eles passam a não temer as novidades no *setting* terapêutico, pois se sentem mais aptos para trabalhar com casos mais complicados.

O desenvolvimento nos atendimentos tem ligação com a maior percepção de si próprio no encontro com o cliente. Muitos relatam o quanto observam de questões pessoais que interferem no atendimento e falam muito da importância da terapia aliada à supervisão.

> Na supervisão ficava claro o quanto o caso do meu cliente se encontrava com a minha história. Visto isso, levava para minha terapia individual e depois, com supervisão e terapia, conseguia separar melhor o que era meu e o que era do cliente.

A terapia pessoal do psicólogo pode ajudá-lo a lidar com sua insegurança nos atendimentos, a ver o que é seu e o que é do cliente, o que está prejudicando o encontro terapeuta-cliente, a perceber qual tipo de cliente ele tem mais dificuldade em ajudar etc. Em minha experiência enquanto supervisora, arrisco-me a dizer que muitas vezes a supervisão também é – e precisa ser – terapêutica. Quantas vezes a dificuldade não está no caso em si, mas no que o cliente, ou a questão dele, provoca no supervisando? A dobradinha supervisão-terapia torna possível que o terapeuta não se perca no processo, nem pela confluência, nem pelo distanciamento do caso.

Quando a pessoa percebe a si e ao outro, ela amplia as possibilidades de um melhor atendimento, pois as funções de contato são liberadas para o atendimento. A escuta fica mais aguçada, o olhar alcança uma totalidade, o toque fica mais espontâneo, o diálogo flui, a fronteira cliente-terapeuta fica mais permeável. As dinâmicas do cliente, seu jeito de estar no mundo, têm espaço para desvelar-se e ser acolhidas pelo terapeuta com intervenções assertivas e que aparecem a partir do contato, do encontro entre os dois. A fluência e a criatividade passam a ser naturais.

Os nós, os entraves do atendimento, ficam mais claros. Eles estão na falta de contato do cliente, na dificuldade do terapeuta em fazer a intervenção que ajude o cliente a perceber o que está acontecendo com ele, na falta de recurso teórico, na falta de abertura do terapeuta para ouvir questões – políticas, religiosas etc. – que divergem das suas ou mesmo na falta de disponibilidade para receber pessoas que suscitam questões delicadas, como, por exemplo, receber um pedófilo.

Outro efeito relatado pelos colaboradores foi uma ligação entre a teoria e a prática, o quanto a supervisão deu vida e significado à teoria. Essa integração levou a um fazer consistente. O supervisando realmente passa a compreender "ao vivo e em cores" o que é, por exemplo, um *continuum* de *awareness*, o que é não julgar ou suspender seus preconceitos, o que é não interferir no processo do cliente ao fazer escolhas por ele, o quanto o terapeuta não tem como ir além do espaço vital – pessoa e seu meio ambiente –, o quanto não resolve investigar algo que não é figura para o cliente, e por aí vai. A bagagem teórica se consolida na prática clínica, da mesma maneira que a prática clínica fomenta a teoria. Ambas estão intrinsecamente ligadas.

> Com o tempo, a teoria já não estava tão distante, podia ver a teoria ali, na sessão, acontecendo.

O aprofundamento da teoria e o desenvolvimento da ação psicoterapêutica levam a uma ampliação do raciocínio clínico dos supervisandos. Eles passam a perceber com mais facilidade o movimento dos clientes na vida, o quão singular e universal é cada caso; começam a ir além do conteúdo e transitam com mais facilidade pelo processo do cliente; a integração e a ampliação do que o cliente está trazendo passam a ser tarefas mais simples e, com isso, o manejo clínico se torna menos tenso e mais prazeroso.

> A instrumentação, quando levada a sério, vai trazendo um efeito cumulativo positivo de que o terapeuta vai se tornando mais hábil no raciocínio clínico, na agudeza no

> olhar, tornando-se um verdadeiro especialista não apenas naquele cliente específico, mas em captar sinteticamente quais são as principais dinâmicas envolvidas na queixa que os clientes trazem.

Os supervisandos têm a chance real de ficarem com seus clientes onde e como eles estiverem; acaba a necessidade de tirar o outro da dor, de saber o que é melhor para o outro, de acreditar – mesmo que fale o contrário – que sabe mais que o cliente.

Características importantes em um supervisor

Por fim, quero apresentar algumas características que os colaboradores – assim como eu, que penso como eles – acreditam que o supervisor deve ter. O supervisor precisa acolher o supervisando, suas dúvidas, inseguranças, seu pedido de socorro, ou seja, precisa estar aberto para o que vem, acolher, apoiar, ser o heterossuporte de olho nas potencialidades de cada supervisando, pois são essas potencialidades que constituirão o apoio necessário para uma caminhada solo.

> Quando se está começando algo novo, ter um direcionamento é muito importante. Ela [a supervisão] é um apoio e uma segurança no início, como as rodinhas ao começar a andar de bicicleta, que garante que a gente ganhe confiança até conseguir fazer sozinho.

Ao perceber as potencialidades, o supervisando começa a acreditar que pode ajudar seu cliente. Ao mesmo tempo, ele cresce com as críticas, e o supervisor precisa fazê-las de maneira firme e amorosa, de modo que o supervisando amadureça e não fique paralisado. Como acontece com uma planta, o supervisor precisa "podar" para que o supervisando cresça mais forte, mais consistente e acreditando em suas raízes. O terapeuta deve elogiar, incentivar o caminho, mostrar o que está errado na medida certa. O supervisor não deve se esquecer que, assim como o cliente sabe mais que o terapeuta, o supervisando sabe mais a respeito do seu cliente que o supervisor. Cuidar é acompanhar iluminando o caminho de quem precisa de sua presença.

O supervisor deve respeitar qualquer caso, qualquer dúvida, qualquer medo que surja na supervisão. Não deve, em hipótese alguma, desmerecer, diminuir ou aumentar o que está posto. Na verdade, precisa transmitir confiança sem parecer ser o único que sabe, precisa passar sua experiência sem se tornar uma autoridade, precisa demonstrar seu saber sem diminuir o saber do outro, precisa ter humildade para possibilitar a troca, precisa criar um caminho de desenvolvimento profissional, ético e político de cada supervisando. Enfim, precisa cumprir seu papel de formador com humildade e sabedoria.

> Supervisionar demanda escuta, empatia, paciência, humildade, abertura ao novo, tanto quanto envolve conhecimento, bagagem teórica e prática. O supervisor empresta (seus olhos, seus ouvidos, seus conhecimentos, suas experiências) e também doa (sua paciência, sua empatia, seu cuidado).

Considerações finais

Para concluir, fico pensando: qual a diferença entre uma supervisão de estágio, de pessoas formadas há pouco tempo e de pessoas que já têm muito tempo de atuação enquanto psicólogas? Para mim, mudam as dúvidas, os receios, mas não a necessidade de compartilhar, de ouvir uma ou mais opiniões, de reconhecer que encontrar alguém e se colocar no lugar de ouvi-lo, acompanhá-lo e ver seu desenvolvimento enquanto pessoa é coisa séria e precisa ser encarada dessa maneira.

Fazer e dar supervisão também é coisa séria, faz parte de nossa formação e de nossa vida profissional.

Aos supervisores, capacitem-se para assumir essa posição.

Aos supervisandos, tenham a humildade de não tentar dar conta de tudo sozinhos.

Não saber o que fazer em determinado momento é normal; anormal é não dar atenção à dificuldade.

Referências

ANDRADE, C.C. Carta a uma jovem psicoterapeuta. Revista da Abordagem Gestáltica dez. 2010; XVI(2):222-5. Disponível em: http://pepsic.bvsalud.org/pdf/rag/v16n2/v16n2a13.pdf.

ANDRADE, C.C. Autossuporte e heterossuporte. In: FRAZÃO, L.; FUKUMITSU, K. (orgs.) Gestalt-terapia: conceitos fundamentais. São Paulo, Summus, 2014: 147-62.

BEISSER, A.R. A teoria paradoxal de mudança. In: FAGAN, J.; SHEPERD, I. (orgs.) Gestalt-terapia: teoria, técnicas e aplicações. Rio de Janeiro, Zahar Editores, 1980: 110-4.

BOECKEL, M.G.; KRUG, J.S.; LAHM, C.R.; RITTER, F.; FONTOURA, L.O.; SOHNE, L.C. O papel do serviço-escola na consolidação do projeto pedagógico do curso de Psicologia. Psicologia: Ensino & Formação 2010; 1(1):41-51. Disponível em: http://pepsic.bvsalud.org/pdf/pef/v1n1/05.pdf.

SÁ, R.; AZEVEDO JÚNIOR, O.; LEITE, T. Reflexões fenomenológicas sobre a experiência de estágio e supervisão clínica em um serviço de psicologia aplicada universitário. Revista da Abordagem Gestáltica 2010; XVI(2):135-40. Disponível em: http://pepsic.bvsalud.org/pdf/rag/v16n2/v16n2a02.pdf.

ÍNDICE REMISSIVO

Este livro foi impresso nas oficinas gráficas da Editora Vozes Ltda.,
Rua Frei Luís, 100 – Petrópolis, RJ.